유형별

명예훼손·모욕 고소와 대응방법

편저 : 대한법률편찬연구회
(콘텐츠 제공)

사이버비방 · SNS · 문자욕설 · 카카오 톡

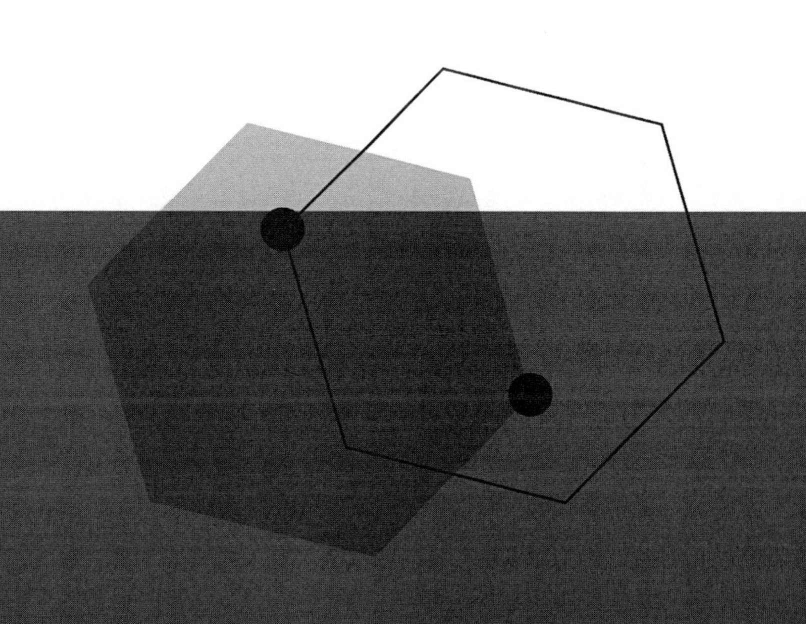

법문북스

머 리 말

남을 평가하고 그 사람의 가치를 떨어뜨리는 것에서 대화의 즐거움을 찾는 사람들은 남의 말을 하기 좋아합니다. 그리고 남을 흉보고 뒷담 하는 나쁜 버릇을 가지고 있는 사람은 근거 없는 말로 남을 헐뜯어 명예나 지위를 손상시키고 사실을 왜곡하거나 속임수를 써 남을 해롭게 하려고 합니다. 그런데 이것이 모두 명예훼손이 될 수 있습니다.

최근 사이버 공간이 급속도로 확장되면서 생겨난 사이버명예훼손은 인터넷과 같은 정보통신망으로 연결된 컴퓨터 시스템이나 이를 매개로 형성되는 사이버 공간을 중심으로 발생하는 모든 범죄의 현상, 즉 사이버 공간을 범행수단, 대상 혹은 무대로 삼는 범죄행위입니다.

사이버 공간이나 카카오톡에서 문자메시지 등 스마트폰으로 상대방에 대한 명예훼손적 발언이나 표현을 공개하거나 널리 퍼뜨리게 되면 무서운 속도로 전파되어 치명적인 명예훼손을 당할 위험이 높습니다. 그런데 명예훼손을 당한 피해자는 어떻게 대처하고, 무슨 증거를 수집하며, 어떤 방법으로 법적 대응을 하여야 하는지 대처하기 어렵습니다. 따라서 이 책에서는 명예훼손시 가장 먼저 취하여야 하는 대처요령까지 모두 수록하였습니다.

형법 제311조 모욕죄는 공연히 사람을 모욕한 자를 처벌하고 있는데, 컴퓨터와 정보통신기술의 비약적인 발전으로 생성된 사이버공간은 나날이 그 규모와 비중을 넓혀가고 있고 인터넷 상에서 벌어지는 명예훼손은 정보통신망 이용촉진 및 정보보호 등에 관한 법률에서 명예훼손죄로 가중처벌규정을 마련하고 있는 반면, 모욕죄는 아직까지 정보통신망 이용촉진 및 정보보호 등에 관한 법률에서 사이버모욕죄에 대한 처벌규정은 두고 있지 않습니다.

인터넷 상에서 일어나는 모욕에 대해서는 전파가능성에 의한 공연성이나 특정성이 성립되지 않아 대부분 수사자체를 하지 못하고 무죄로 묻혀버리는 사건이 많습니다. 모욕은 주로 1대1로 전화를 통화하다가 일어나는 경우가 많은데, 이 경우 욕설의 공연성이 인정되지 않아 처벌할 수 없습니다.

그런데 모욕성이 인정되지 않고 사안에 따라 정보통신망 이용촉진 및 정보보호 등에 관한 법률 제74조 제1항에 제3호(정보통신망법 제44조의7 제1항 제3호를 위반하여 공포심이나 불안감을 유발하는 부호·문언·음향·화상 또는 영상을 반복적으로 상대방에게 도달하게 한 자)에 해당하는 경우는 처벌할 수 있습니다.

사실상 명예훼손과 모욕은 사실의 적시 여부로 구별될 뿐이며, '나쁜 놈', '개자식', '쓸개 빠진 놈' 그 밖에 수도 없는 욕설은 분뇨를 퍼 붓거나 재수가 없다고 소금을 뿌리는 행동도 모두 모욕죄에 해당합니다.

그러므로 이 책자에서 누구나 쉽게 모욕죄의 성립요건을 파헤치고 피해자가 가장 먼저 무슨 증거자료를 확보해야 하며 어떤 조치를 취해야 하는지 모욕에 관한 사례를 구체적으로 살펴보고, 모욕을 당하고 가장 먼저 취하여야 하는 대처요령 등을 수록하였습니다.

또한 이 책은 명예훼손, 모욕으로 인해 고소를 당한 피고소인이 어떻게 고소에 대응해야 하는지에 대해서도 수록하였습니다. 최근 인터넷이 발달함에 따라 인터넷 상에서의 명예훼손, 모욕이 많이 발생하고 있습니다. 그런데 한 번의 실수로 명예훼손, 모욕으로 고소를 당하는 경우가 많습니다. 이럴 경우 피고소인은 너무나 쉽게 고소를 당하기 때문에, 당황스럽고 어떻게 대처하여야 할지를 모릅니다. 따라서 이 책은 명예훼손, 모욕죄 피고소인이 경찰서에서 조사를 받을 때, 경찰조사 후 검찰청으로 송치될 때, 검사에게 조사를 받을 때, 합의할 때 어떻게 대응하여야 하는지 수록하였습니다.

아무쪼록 이 책자가 명예훼손 및 사이버명예훼손, 모욕으로 피해를 입은 분들이 고소 절차를 진행하시는 데에 많은 도움이 되시기를 바랍니다. 그리고 고소인, 피고소인 양측이 문제를 원만하게 해결하는 데 도움이 되시기를 바랍니다. 감사합니다.

대한법률편찬연구회 23년

차 례

◆ 제1편 명예훼손죄 ◆

◆ 제2편 모욕죄 ◆

제6장 고소장·진정서 사례 ······ 209

제1편

명예훼손죄

제1장
명예훼손죄 처벌규정

제1장/

명예훼손죄 처벌규정 -

가, 사실적시에 의한 명예훼손 -

형법 제307조 제1항 공연히 사실을 적시하여 사람의 명예를 훼손한 자는 2년 이하의 징역이나 금고 또는 500만 원 이하의 벌금에 처하는 범죄입니다.

나, 허위사실 적시에 의한 명예훼손 -

형법 제307조 제2항 공연히 허위의 사실을 적시하여 사람의 명예를 훼손한 자는 5년 이하의 징역, 10년 이하의 자격정지 또는 1,000만 원 이하의 벌금에 처하는 범죄입니다.

다, 사자의 명예훼손 -

형법 제308조 공연히 허위의 사실을 적시하여 사자의 명예를 훼손한 자는 2년 이하의 징역이나 금고 또는 700만 원 이하의 벌금에 처하는 범죄입니다.

라, 사실적시 출판물 등에 의한 명예훼손 -

형법 제309조 제1항 사람을 비방할 목적으로 신문, 잡지 또는 라디오 기타 출판물에 의하여 형법 제307조 제1항 사실적시에 의한 명예훼손죄를 범한 자는 3년 이하의 징역이나 금고 또는 700만 원 이하의 벌금에 처하는 범죄입니다.

마, 허위사실 적시 출판물 등에 의한 명예훼손 -

형법 제309조 제2항 형법 제309조 제1항의 방법으로 형법 제307조 제2항 허위사실 적시에 의한 명예훼손죄를 범한 자는 7년 이하의 징역, 10년 이하의 자격정지 또는 1,500만 원 이하의 벌금에 처하는 범죄입니다.

바, 사이버 상에서 사실을 드러낸 명예훼손 -

정보통신망 이용촉진 및 정보보호 등에 관한 법률 제70조 제1항 명예훼손죄 사람을 비방할 목적으로 정보통신망을 통하여 공공연하게 사실을 드러내어 다른 사람의 명예를 훼손한 자는 3년 이하의 징역이나 금고 또는 2,000만 원 이하의 벌금에 처하는 범죄입니다.

사, 사이버 상에서 거짓의 사실을 드러낸 명예훼손 -

정보통신망 이용촉진 및 정보보호 등에 관한 법률 제70조 제2항 명예훼손죄 사람을 비방할 목적으로 정보통신망을 통하여 공공연하게 거짓의 사실을 드러내어 다른 사람의 명예를 훼손한 자는 7년 이하의 징역, 10년 이하의 자격정지 또는 5,000만 원 이하의 벌금에 처하는 범죄입니다.

아, 허위사실 유포 명예훼손 -

인터넷 게시판이나 블로그 또는 SMS 단체 카톡방에서 악성 댓글을 달거나 다른 사람을 비방하고 헐뜯고 허위사실을 올리는 사람은 허위사실유포에 의한 아래와 같이 명예훼손죄로 처벌하는 범죄입니다.

형법 제307조 제2항 공연히 허위의 사실을 적시하여 사람의 명예를 훼손한 자는 5년 이하의 징역, 10년 이하의 자격정지 또는 1,000만 원 이하의 벌금에 처합니다.

정보통신망 이용촉진 및 정보보호 등에 관한 법률 제70조 제2항 명예훼손죄 사람을 비방할 목적으로 정보통신망을 통하여 공공연하게 거짓의 사실을 드러내어 다른 사람의 명예를 훼손한 자는 7년 이하의 징역, 10년 이하의 자격정지 또는 5,000만 원 이하의 벌금에 처합니다.

형법 제313조 신용훼손죄에 의하여 허위사실유포 기타 위계로써 사람의 신용을 훼손한 자는 5년 이하의 징역, 또는 1,500만 원 이하의 벌금에 처합니다.

형법 제314조 업무방해죄에 의하여 형법 제313조 신용훼손죄의 허위사실유포 또는 위력으로써 사람의 업무를 방해한 자는 5년 이하의 징역 또는 1,500만 원 이하의 벌금에 처합니다.

제2장
명예훼손죄 성립요건

제2장/

명예훼손죄 성립요건 -

명예훼손죄가 성립하기 위해서는 기본적으로 객관적 구성요건요소인 첫째, '공연성' 이 인정되어야 하고, 둘째, '사실적시 또는 허위사실의 적시' 가 있어야 하고, 셋째, 주관적 구성요건요소인 명예훼손의 '고의' 가 인정되어야 명예훼손죄가 성립합니다.

그리고 출판물이나 정보통신망에서의 표현 행위라는 특수한 행위태양을 규율하는 명예훼손죄가 성립하기 위해서는 위와 같은 기본적인 구성요건요소 외에 넷째, '사람을 비방할 목적' 이라는 초과주관적인 요소가 인정되어야 명예훼손죄가 성립합니다.

형법 제307조 제1항 사실적시에 의한 명예훼손, 정보통신망 이용촉진 및 정보보호 등에 관한 법률 제70조 제1항 사실을 드러낸 명예훼손의 행위가 진실한 사실로서 오로지 공공의 이익에 관한 때에는 형법 제310조에 의한 위법성이 조각되어 처벌하지 않습니다. 위법성이 조각되려면 적시한 사실은 진실한 사실이어야 성립합니다.

형법 제310조 위법성조각사유는 "제307조 제1항 사실적시에 의한 명예훼손 행위가 진실한 사실로서 오로지 공공의 이익에 관한 때에는 처벌하지 아니 한다" 고 규정하고 있으므로, 공연히 사실을 적시하여 사람의 명예를 훼손하였다고 하더라도, 그 사실이 공공의 이익에 관한 것으로서 공공의 이익을 위할 목적으로 그 사실을 적시한 경우에는, 그 사실이 진실한 것임이 증명되면 위법성이 조각되어 그 행위를 처벌하지 아니하는 것인바, 위와 같은 형법의 규정은 인격권으로서의 개인의 명예의 보호와 헌법 제21조에 의한 정당한 표현의 자유의 보장이라는 상충되는 두 법익의 조화를 꾀한 것이라고 보아야 할 것이므로, 이들 두 법익간의 조화와 균형을 고려한다면, 적시된 사실이 진실한 것이라는 증명이 없더라도 행위자가 그 사실을 진실한 것으로 믿었고 또 그렇게 믿을 만한 상당한 이유가 있는 경우에는 위법성이 없다고 보아야 합니다.

그리고 이 경우에 적시된 사실이 공공의 이익에 관한 것인지의 여부는 그 사실 자체의 내용과 성질에 비추어 객관적으로 판단하여야 할 것이고, 행위자의 주요한 목적이 공공의 이익을 위한 것이라면 부수적으로 다른 사익적인 동기가 내포되어 있었다고 하더라도 형법 제310조 위법성조각사유의 적용을 배제할 수는 없습니다.

위법성조각사유는 형법 제307조 명예훼손죄 제1항의 행위가 진실한 사실로서 오로지 공공의 이익에 관한 때에는 처벌하지 않으며, 해당 위법성조각사유는 허위사실의 적시에 의한 명예훼손에는 적용되지 않고, 대법원은 '적어도 행위자가 그 사실을 진실한 것으로 믿었고 또 그렇게 믿을 만한 상당한 이유가 있어야 할 것이며, 그것이 진실한 사실로서 오로지 공공의 이익에 관한 때에 해당된다는 점은 행위자가 증명하여야 한다.' 라고 밝히고 있습니다. 위법성조각사유가 성립되기 위해서는 적시된 사실의 '진실성' 과 사실적시 목적의 '공익성' 이 충족되어야 합니다.

허위사실 적시를 대상으로 하는 형법 제307조 제2항 허위사실 적시의 명예훼손죄, 정보통신망 이용촉진 및 정보보호 등에 관한 법률 제70조 제2항 거짓을 드러낸 명예훼손죄에 대해서는 형법 제310조 위법성조각사유는 적용되지 않습니다.

명예훼손죄는 형법상의 명예훼손이나 정보통신망의 명예훼손은 제1항에서 사실적시에 의한 명예훼손을 규율하고 있고, 제2항은 허위사실의 적시에 의한 명예훼손을 규율하고 있으며, 허위사실의 적시에 의한 명예훼손은 사실적시에 의한 명예훼손에 비하여 그 처벌은 가중처벌하고 있습니다.

제1절/

명예훼손죄 '공연성' -

명예훼손죄가 성립하기 위해서는 '공연성' 이 인정되어야 성립합니다.

공연성은 피해자에게 명예훼손 한 사실을 제3자 등이 목격했을 때 비로소 인정되는 것입니다. 대법원의 중요한 판례에 의하면 공연성은 '불특정 또는 다수인이 인식할 수 있는 상태' 라고 밝히고 있습니다.

공연성은 명예훼손죄의 공연성이나 모욕죄에서의 공연성은 모두 동일합니다.

공연성은 제3자가 불특정한 경우 그 숫자가 다수이건 소수이건 상관이 없다는 뜻이며, 제3자가 다수인 경우 그 특정이 불특정이건 특정이건 상관이 없다는 의미로 제3자가 불특정할 경우 그 숫자가 다수이건 소수이건 상관없이 공연성이 인정되고, 제3자의 숫자가 다수인 경우 그 특정이 불특정이건 특정이건 상관없이 공연성이 인정된다는 것입니다.

공연성에서의 특정이란 친분이 있는 사람을 말하고, 불특정은 친분이 없는 사람 제3자를 말하는데 대법원은 전파가능성을 기준으로 하는데 명예훼손을 당한 명예훼손 적 내용이 다수의 사람들에게 전파될 가능성이 있느냐에 중점을 두고 있습니다.

예컨대 명예훼손 적 내용이 전파가능성이 있다면 '공연성' 이 인정되고 전파가능성이 없다면 공연성은 부정된다는 뜻입니다.

그러므로 명예훼손죄의 성립요건인 "공연성" 은 불특정 또는 다수인이 인식할 수 있는 상태를 의미하므로 비록 특정의 한 사람에 대하여 어떤 사실을 이야기하였어도 이로부터 불특정 또는 다수인에게 전파될 가능성이 있다면 공연성의 요건을 충족하는 것이나 이와 달리 전파될 가능성이 없다면 공연성이 없는 것으로 판단합니다.

형법 제307조 제1항 사실적시에 의한 명예훼손죄, 같은 제2항 허위사실 적시에 의한 명예훼손죄, 형법 제308조 사자의 명예훼손죄, 형법 제309조 제1항 사실적시 출판물에 의한 명예훼손죄, 같은 제2항 허위사실 적시 명예훼손죄에서의 '공연히' 를 실무에서는 '공연성' 이라고 부르고 같은 의미로서, 형법 이외의 정보통신망 이용촉진 및 정보보호 등에 관한 법률 제70조 사실적시 명예훼손죄, 같은 제2항 허위사실 적시 명예훼손죄의 '공공연하게' 또한 형법에서의 '공연성' 과 같은 의미로서 소위 '공연히' 사람의 명예를 훼손한 자라 함은 다수인 혹은 불특정 인이 견문할 수 있는 상황에서 사람의 사회적 가치 내지 평가를 떨어뜨리기 충분한 사실을 적시한 자를 말하고 그 다수인의 자격에 일정한 제한이 있는 경우에도 그 행위는 공연성이 있습니다.

공연성은 피해자가 명예훼손을 당하는 장면을 불특정한 제3자가 목격한 경우에 성립합니다. 사이버 상에서는 무조건 공연성은 성립합니다.

또 목격한 제3자가 피해자와 어떤 관계에 있는지에 따라 성립여부가 결정되며 그 제3자는 친구, 지인, 모르는 타인으로 나눌 수 있는데 친구와 지인은 특정한 제3자이고, 모르는 타인은 불특정한 제3자입니다. 대법원은 제3자가 특정한 경우 그 숫자가 다수일 경우에만 공연성을 인정하고 제3자가 불특정한 경우 그 숫자가 소수이더라도 공연성을 인정하고 있으므로 말하자면 친구나 지인은 특정한 제3자이므로 그 숫자가 다수인 경우에만 공연성이 인정되므로 모르는 타인은 불특정 제3자이므로 그 숫자가 소수일 경우에도 공연성이 인정됩니다.

명예훼손죄의 공연성에 있어 특정은 피해자와 제3자가 친분이 있는 경우 특정하다고 보고 있으며, 불특정은 피해자와 제3자가 친분이 없는 경우 불특정하다고 보고 있습니다.

인터넷 상에서 게시 글이나 댓글로 명예훼손을 당했을 때에는 이를 목격하는 제3자가 다수인이므로 제3자가 피해자와 친분이 있거나 친분이 없어도 상관없이 공연성은 성립되고, 명예훼손을 당했을 때에는 이를 목격하는 제3자가 소수 인이므로 제3자가 피해자와 친분이 없는 불특정의 경우에만 공연성이 성립됩니다.

이는 특정한지 불특정한지를 친분으로 구분하는 것은 '전파가능성' 을 판단하기 위함입니다.

그러므로 명예에 관한 죄에서 공통적으로 요구되는 '공연성' 의 의미를 '불특정 또는 다수인이 인식할 수 있는 상태' 를 말합니다.

명예훼손죄의 구성요건인 '공연성' 은 불특정 또는 다수인이 인식할 수 있는 상태를 말하고, 비록 개별적으로 한 사람에게 그 사실을 유포하였다고 하더라도 그로부터 불특정 또는 다수인에게 전파될 가능성이 있다면 공연성의 요건을 충족하지만, 반대로 전파될 가능성이 없다면 특정한 한 사람에게 한 사실의 유포는 공연성이 없다고 판시하고 있습니다.

불특정인(不特定人)은 행위자의 행위 시에 그 상대방이 누구인가가 구체적으로 특정되어 있지 않다는 의미가 아니라 상대방이 어떤 특수한 관계에 의하여 한정된 사람일 필요는 없다는 의미입니다.

통행인(길을 가는 사람)이나 광장에 집합한 군중과 같이 행위자의 가족관계, 친구관계, 사교 관계 등과 같은 긴밀한 관계가 없는 사람들이라 하더라도 행위의 상대방에 해당함을 의미합니다.

다수인(多數人)은 숫자에 의하여 몇 명 이상이라고 한정할 수는 없으나, 개인적으로 명예훼손죄에 있어서 행위 상대방의 규모는 그러한 사실을 적시함으로써 어떤 사람의 사회적 평가를 해할 위험이 있다고 판단할 수 있을 정도이어야 할 것이므로 사회적 평가인 명예가 훼손되었다고 평가될 수 있을 정도의 다수의 사람이어야 됩니다.

명예훼손죄는 사람의 사회적 가치 내지 평판을 저하시키는 결과를 염두에 두고 있으므로 명예를 훼손할 만한 사실이 결국 불특정인 또는 다수인에게 전파될 가능성이 있다면 '공연성' 을 인정할 수 있습니다.

그러므로 명예훼손죄가 성립하기 위해서는 형법 제307조에 규정된 공연성이 필요합니다. 공연성의 의미에 관해서는 '불특정 또는 다수인이 인식할 수 있는 상태' 를 의미한다는 것이 판례의 입장입니다.

대법원은 판결에서 '비밀이 잘 보장되어 외부에 전파될 염려가 없는 경우가 아니면 비록 개별적으로 한 사람에 대하여 사실을 유포하였더라도 연속하여 수인에게 사실을 유포하여 그 유포한 사실이 외부에 전파될 가능성이 있는 이상 공연성이 있다 할 것이다.' 라고 설시한 이후 일관되게 적시된 사실 또는 허위의 사실의 '전파가능성' 을 기준으로 그 적시 행위가 공연성을 가지는지 여부를 판단하고 있습니다.

공연성은 불특정 또는 다수인이 인식할 수 있는 상태를 의미하므로 비록 개별적으로 한 사람에 대하여 사실을 유포하더라도 이로부터 불특정 또는 다수인에게 전파될 가능성이 있다면 공연성의 요건을 충족한다 할 것이지만 이와 달리 전파될 가능성이 없다면 특정한 한 사람에 대한 사실의 유포는 공연성이 인정되지 않습니다. 법원은 공연성을 전파가능성을 기준으로 넓게 인정하고 있습니다.

이러한 경향은 최근에도 유지되고 있습니다. 예컨대 피해자의 전과사실을 적시한 내용을 담은 준비서면을 특정인에게 팩스로 전송한 경우 공연성이 인정되었습니다.

영업장에서 피해자와 언쟁을 벌이다가 피해자에 관한 사실을 적시하여 그 피해자의 명예를 훼손하였다고 고소한 사안에서 법원은 이때 영업장에 모인 손님과 직원 등은 피고인의 발언 내용을 충분히 인식할 수 있는 가까운 거리에 있었다며 이 또한 공연성을 인정하였습니다.

제2절/

명예훼손죄 '사실의 적시' -

명예훼손죄가 성립하기 위해서는 '사실의 적시' 가 있어야 성립합니다. 명예훼손죄가 성립하기 위해서는 '사실의 적시' 가 있어야 하는데 '적시된 사실은 이로써 특정인의 사회적 가치 내지 평가가 침해될 가능성이 있을 정도로 구체성을 띠어야' 합니다. 구체적인 사실의 적시는 명예훼손죄와 모욕죄를 구별하는 기준이 됩니다.

구체적 사실이 아닌 단순한 추상적 판단이나 경멸적 감정의 표현은 모욕일 수는 있어도 명예훼손이라고 할 수 없습니다.

판례 에 의하면 명예는 인격, 기술, 능력, 건강, 신분 등 사회생활에서 존중되어야 할 모든 가치를 의미하고, 명예훼손죄에 의해 보호되는 명예를 '사람의 인격적 가치와 그의 도덕적·사회적 행위에 대한 사회적 평가' 즉 외적 명예로 해석하고 있습니다.

그러므로 명예훼손죄가 성립하기 위해서는 사실을 적시해야 합니다.

말하자면 어떠한 사람이 전시회나 공연 등에 대하여 자신의 느낀 바를 말하는 경우에는 사실을 적시하는 것이 아닌 행위자 개인의 주관적인 평가나 가치판단이므로 그것이 그 사람의 사회적인 평가를 저해하는 결과가 발생한다 하더라도 명예훼손죄가 성립하지 않습니다.

명예훼손죄에 대한 판례에 의하면 '사실의 적시' 는 '가치판단이나 평가를 내용으로 하는 의견표현' 에 대치되는 개념입니다. 따라서 적시의 대상인 '사실' 의 의미를 명확하게 하고, '사실의 적시' 와 '가치판단' 또는 '의견 표현' 을 구별할 필요성이 있습니다.

사실적시의 대상이 되는 '사실'의 내용은 사람의 외부적 명예를 훼손하는 것이므로 적시될 사실은 사람의 사회적 가치 내지 평가를 저하시키는데 적합한 것이어야 합니다.

널리 사회적 가치를 해할 만한 사실이면 되는데, 여기의 사회적 가치에는 인격·기술·지능·학력·경력은 물론 건강·신분·가문 등 사회생활에서 존중되어야 할 모든 가치가 포함되지만 경제적 가치를 저하시키는 것은 형법에서 신용훼손죄를 구성하며, 적시될 사실은 반드시 숨겨진 사실일 것을 요하지 아니하며 이미 알려진 사실이거나 듣는 사람이 알고 있는 사실을 적시하는 경우도 포함되며, 스스로 실험한 사실이건 타인으로부터 듣게 된 사실이건 불문합니다.

사실을 구성하는 요소로는 (1)감지가능성 (2)입증가능성 (3)구체성의 세 가지가 있는데 감지가능성과 입증가능성은 중첩되는 의미를 담고 있어 생략하고 '구체성'에 대하여 설명을 드리도록 하겠습니다.

구체성은 표현된 내용 중에서 시간, 장소 등이 반드시 특정될 필요는 없지만, 현재 또는 과거의 사건이나 상황에 관하여 감지할 수 있을 정도로 구체적이어야 한다는 것을 의미합니다.

따라서 임시적인 표현이라도 특정인의 가치 내지 평가가 침해될 가능성이 있을 정도의 '구체성'이 있으면 명예훼손죄의 '사실의 적시'에 해당합니다.

장래의 사실은 명예훼손죄에 사실에 포함되지 아니한다는 것은 장래의 사실적시는 의견 진술에 가까우므로 현재의 시점에서는 그 적시된 내용의 진위 여부를 확정할 수 없으므로 모욕죄에 해당할 수는 있어도 명예훼손죄를 근거지우지는 못합니다.

명예훼손죄에서 '사실의 적시' 와 '가치판단' 의 구별은 형법 제 307조 이하 명예훼손죄의 적용과 관련하여 매우 중요한 역할을 하며, 명예훼손죄는 사실을 적시한 사안에만 적용됩니다.

사실은 '사람의 오관의 작용에 의하여 현실적으로 발생하고 증명할 수 있는 과거와 현재의 구체적인 사건이나 상태' 를 의미하므로, 사실을 적시하는 행위는 우리의 현실을 둘러싸고 있는 체계에 관한 정보를 전달해 주는 것이라 할 수 있습니다.

이와 같은 사실의 체계는 원칙적으로 모든 사람에게 동일하게 인식될 수 있기 때문에 그에 대해서는 증명이 가능하며, 따라서 사실은 객관적으로 진실 또는 허위인데 동시에 양립은 불가능합니다.

표현행위가 (1)사실의 적시 (2)경멸적 표현 (3)단순한 의견표현 중 어느 것에 해당하는지의 여부는 '사회통념' 에 의하여 객관적으로 결정하여야 합니다.

명예훼손죄에 있어 표현행위를 하는 사람이 그의 주관적인 의견을 강조하기 위하여 어떠한 개별적인 사실적 주장들을 적시한 경우 그와 같은 표현행위는 가치판단에 해당할 수 있는데, 판례도 어떠한 표현행위를 함에 있어 그 표현을 강조하기 위한 수법으로서 사용되어진 개별적 사실이 그 표현을 강조할 뿐 어떠한 다른 사실을 적시하거나 암시하는 것으로 볼 수 없는 경우에는 '사실의 적시' 라고 볼 수 없다고 판시한 바 있습니다.

어떤 표현이 단지 사설적인 관계를 강조하는데 그치거나 또는 사실적 주장은 표현행위가 의도하는 가치판단의 배후에만 머물러 사실에 관한 적시가 가치판단을 보다 더 상세하게 근거지우거나 분명하게 드러나게 하는 데에만 이용되는 경우라면 이와 같은 표현은 가치판단에 속한다고 볼 수 있습니다.

주관적 의견표현이라 하더라도 그 내용이 사실에 관한 실체를 담고 있는 경우 그와 같은 표현은 사실의 적시에 해당하게 됩니다. 말하자면 의미 있고 중요한 사실을 주장하는 표현이 경미한 형태의 비난적 가치판단을 동시에 표현하는 경우 이와 같은 표현은 사실의 적시로 보아야 할 것입니다.

예컨대 갑은 을을 강간했다. 갑은 짐승 같은 놈이다. 라는 표현에 있어 입증이 가능한 사실인 강간에 더 중요한 의미가 부여되는 것인지 아니면 '짐승 같은 놈' 이라는 가치판단에 더 중요한 의미가 부여되어 있는지 여부를 판단하여야 할 것인데 당해 표현에 있어서는 '짐승과 같은 놈' 이라는 표현은 단순히 사건에 관한 표현행위자의 주관적인 평가로 보아야 할 것이고, 강간이라는 사실을 적시한 표현으로 보아야 할 것입니다.

제3절/

명예훼손죄 '허위사실의 적시' -

명예훼손죄가 성립하기 위해서는 '허위사실의 적시' 가 있어야 성립합니다.

형법 제307조 제2항 허위사실의 적시에 의한 명예훼손죄와 정보통신망 이용촉진 및 정보보호 등에 관한 법률 제70조 제2항 거짓을 드러낸 명예훼손죄 '허위사실의 적시' 에 의한 명예훼손죄가 성립하기 위해서는 범인이 공연히 사실의 적시를 하여야 하고, 그 적시한 사실이 사람의 사회적 평가를 저하시키는 것으로서 허위이어야 하며, 범인이 그와 같은 사실이 허위라고 인식하였어야 성립합니다.

대법원은 중요한 부분이 객관적 사실과 합치되는 경우에는 세부에 있어서 진실과 약간 차이가 나거나 다소 과장된 표현이 있다 하더라도 이를 '허위사실의 적시' 라고 볼 수 없다고 판시하고 있습니다.

위와 같이 알 수 있듯이 법원은 적시된 사실의 허위성을 아주 좁게 인정하고 있는 것으로 보여 집니다.

만약 적시된 사실의 사소한 부분까지도 진실과 일치하는 경우에만 허위성이 부정된다면 우리의 발언은 대부분 허위로 판단될 것입니다.

허위사실의 적시가 인정되는 경우는 적시된 사실과 실제 사실이 중요한 부분에서 일치하지 않는 경우들입니다.

범인이 예컨대 피해자를 성적으로 문란한 사람으로 몰아가기 위해서 존재하지 않는 남자관계 등을 마치 있었던 일처럼 전단지를 배포하고, 단체 카 톡 대화방에 게재한 경우 해당 적시내용이 허위라고 판단하는 데에는 어려움이 없으므로 허위사실의 적시에 의한 명예훼손죄가 성립합니다.

명예훼손죄가 성립하기 위해서는 '허위사실의 적시' 뿐만 아니라 적시된 그 허위사실이 피해자의 명예를 훼손할 수 있을 만한 내용이어야 허위사실의 적시에 의한 명예훼손죄가 성립합니다.

허위사실의 적시에 의한 명예훼손죄에 있어서 셋째 부인이니 첩이라니 애첩이라는 표현은 우리 사회의 일반 관념상 부도덕한 성적 관계를 암시하는 단어이므로 피해자가 부첩관계에 해당한다고 볼 만한 직접적인 증거가 없는 상황에서 범인이 위와 같은 발언을 반복하는 것은 (1)그 발언의 경위나 횟수, (2)그 표현의 구체적 빙식과 정도 및 맥락, (3)범인이 의사를 전달하기 위하여 반드시 위와 같은 어휘를 선택할 필요성이 없는 점 등을 고려해 볼 때 정당한 비판의 범위를 크게 벗어나 피해자의 부정한 성적 관계를 암시함으로써 사회적 가치 내지 평가를 저하시키는 '허위사실의 적시' 라고 할 것이므로 허위사실의 적시에 의한 명예훼손죄가 성립합니다.

허위 사실의 적시가 인정되는 경우는 적시된 사실과 실제 사실이 중요한 부분에서 일치하지 않는 경우들입니다. 예를 들어 자신의 전처와 처제를 성적으로 문란한 사람으로 몰아가기 위해서 존재하지도 않는 사실(남자관계 등)을 마치 있었던 일처럼 기재한 전단지를 배포한 경우 해당 적시 내용이 허위라고 판단하는 데에는 어려움이 없습니다.

부도덕한 성적 관계를 암시하는 단어는 부도덕한 성적 관계에 해당한다고 볼 만한 직접 적인 증거가 없는 상황에서 반드시 이러한 어휘를 선택할 필요성이 없는 점을 고려해 볼 때 정당한 비판의 범위를 벗어나 부정한 성적 관계를 암시함으로써 그들의 사회적 가치 내지 평가를 저하시키는 허위사실의 적시라고 할 수 있습니다.

형법 제307조 제2항 허위사실 적시에 의한 명예훼손죄가 성립하려면 피해자가 특정된 허위사실의 적시행위가 있어야 하고, 반드시 사람의 성명을 명시하여 허위의 사실을 적시하여야만 하는 것은 아니므로 사람의 성명을 명시한 바 없는 허위사실의 적시행위도 그 표현의 내용을 주위사정과 종합 판단하여 그것이 특정인을 지목하는 것인가를 알아차릴 수 있는 경우에는 그 특정인에 대한 명예훼손죄가 성립합니다.

명예훼손죄가 성립하기 위해서는 '사실의 적시'가 있어야 하고, 적시된 사실은 이로써 특정인의 사회적 가치 내지 평가가 침해될 가능성이 있을 정도로 구체성을 띠어야 하는 것이며, 비록 허위의 사실을 적시하였더라도 그 허위의 사실이 특정인의 사회적 가치 내지 평가를 침해할 수 있는 내용이 아니라면 형법 제307조 소정의 명예훼손죄는 성립하지 않습니다.

법원은 누구든지 범죄가 있다고 생각하는 때에는 고발할 수 있는 것이므로 어떤 사람이 범죄를 고발하였다는 사실이 주위에 알려졌다고 하여 그 고발사실 자체만으로 고발인의 사회적 가치나 평가가 침해될 가능성이 있다고 볼 수는 없고, 다만 그 고발의 동기나 경위가 불순하다거나 온당하지 못하다는 등의 사정이 함께 알려진 경우에 고발인의 명예가 침해될 가능성이 있다고 판시하고 있습니다.

제4절/

명예훼손적 '고의' -

명예훼손죄가 성립하기 위해서는 주관적 구성요건요소인 '명예훼손적 고의'가 있어야 성립합니다.

명예훼손적 '고의'에 관해서 대법원은 '적어도 미필적 고의가 필요하므로 전파가능성에 관한 인식이 있음은 물론 나아가 그 위험을 용인하는 내심의 의사가 있어야 하고, 그 행위자가 전파가능성을 용인하고 있었는지의 여부는 외부에 나타난 행위의 형태와 행위의 상황 등 구체적인 사정을 기초로 하여 일반인이라면 그 전파가능성을 어떻게 평가할 것인가를 고려하면서 행위자의 입장에서 그 심리상태를 추인하여야 한다.' 라고 설시하고 있습니다.

명예훼손적 고의에 관해 판단하기 위해서는 발언 또는 행위의 목적이 중요하게 고려되어야 하는 것입니다.

제5절/

명예훼손죄 '비방할 목적' -

형법 제309조 출판물에 의한 명예훼손죄, 정보통신망 이용촉진 및 정보보호 등에 관한 법률 제70조 명예훼손죄가 성립하기 위해서는 주관적 구성요건요소인 사람을 '비방할 목적' 이 있어야 성립합니다.

출판물에 의한 명예훼손죄, 정보통신망 이용촉진 및 정보보호 등에 관한 법률 제70조 명예훼손죄의 '비방할 목적' 이란 가해의 의사 내지 목적을 요하는 것으로 사람을 비방할 목적이 있는지 여부는 당해 적시 사실의 내용과 성질, 당해 사실의 공표가 이루어진 상대방의 범위, 표현의 방법 등 그 표현 자체에 관한 제반 사정을 감안함과 동시에 그 표현에 의하여 훼손되거나 훼손될 수 있는 명예의 침해 정도 등을 비교, 고려하여 결정해야 합니다. 비방의 목적이 없는 명예훼손행위는 형법 제307조에 의해 처벌됩니다.

비방의 사전적 의미는 '남을 비웃고 헐뜯어서 말하는 것'입니다. 단순한 미필적 고의로 족하지 않고 초과 주관적 구성요건적 요소인 비방의 목적을 필요로 할 뿐 아니라, 명예를 훼손하는 방법이 신문 · 잡지 · 라디오 기타 출판물에 의하므로 그 위험성이 커진다는 점에 있습니다.

정보통신망 이용촉진 및 정보보호 등에 관한 법률 제70조 제1항 사실을 드러낸 명예훼손죄에서 정한 '사람을 비방할 목적' 이란 가해의 의사나 목적을 필요로 하는 것으로서, 사람을 비방할 목적이 있는지는 해당 적시 사실의 내용과 성질, 해당 사실의 공표가 이루어진 상대방의 범위, 그 표현의 방법 등 그 표현 자체에 관한 제반 사정을 고려함과 동시에 그 표현으로 훼손되거나 훼손될 수 있는 명예의 침해 정도 등을 비교 · 고려하여 결정하여야 합니다.

비방할 목적은 행위자의 주관적 의도의 방향에서 공공의 이익을 위한 것과는 상반되는 관계에 있으므로, 적시한 사실이 공공의 이익에 관한 것인 경우에는 특별한 사정이 없는 한 비방할 목적은 부인됩니다. 공공의 이익에 관한 것에는 널리 국가·사회 그 밖에 일반 다수인의 이익에 관한 것뿐만 아니라 특정한 사회집단이나 그 구성원 전체의 관심과 이익에 관한 것도 포함합니다.

나아가 그 적시된 사실이 이러한 공공의 이익에 관한 것인지는 그 표현이 객관적으로 국민이 알아야 할 공공성·사회성을 갖춘 공적 관심 사안에 관한 것으로 사회의 여론 형성이나 공개토론에 기여하는 것인지 아니면 순수한 사적인 영역에 속하는 것인지 여부, 피해자가 그와 같은 명예훼손 적 표현의 위험을 자초한 것인지 여부, 그리고 그 표현으로 훼손되는 명예의 성격과 그 침해의 정도, 그 표현의 방법과 동기 등 제반 사정을 고려하여 판단하여야 하고, 행위자의 주요한 동기나 목적이 공공의 이익을 위한 것이라면 부수적으로 다른 사익 적 목적이나 동기가 내포되어 있더라도 비방할 목적이 있다고 보기는 어렵습니다.

제3장
사이버명예훼손죄

제3장/

사이버명예훼손죄 -

일상적 의미에서 '사이버' 라고 하면 가상공간 또는 공간 혹은 사이버스페이스(cyberspace)를 말하며, 이것은 바로 현실세계가 아닌 컴퓨터, 인터넷 등으로 만들어진 가상의 공간에서 일어나는 명예훼손을 ' 사이버명예훼손죄' 라고 합니다.

사이버명예훼손죄에 대한 처벌규정은 형법 외의 정보통신망 이용촉진 및 정보보호 등에 관한 법률 제70조 제1항 사실을 드러낸 명예훼손죄, 제2항 거짓을 드러낸 명예훼손죄입니다.

정보통신망 이용촉진 및 정보보호 등에 관할 법률(이하 앞으로는 ' 정보통신망법' 이라 줄여 쓰겠습니다) 제70조 제1항은 '사람을 비방할 목적으로 정보통신망을 통하여 공공연하게 사실을 드러내어 다른 사람의 명예를 훼손한 자' 를 3년 이하의 징역이나 금고 또는 2,000만 원 이하의 벌금에 처하고 있습니다.

동조 제2항은 '사람을 비방할 목적으로 정보통신망을 통하여 공공연하게 거짓의 사실을 드러내어 다른 사람의 명예를 훼손한 자' 를 7년 이하의 징역, 10년 이하의 자격정지 또는 5,000만 원 이하의 벌금에 처하고 있습니다.

형법 제307조 이하 명예훼손죄를 실무에서는 일반 명예훼손죄라고 하며 일반 명예훼손죄에 비하여 사이버명예훼손죄를 가중처벌하고 있는 것은 정보통신망이라는 사이버공간에서 일어나기 때문에 급속도로 전파될 위험성이 높기 때문입니다.

사이버명예훼손죄에 관하여 요약하면 정보통신망 이용촉진 및 정보보호 등에 관한 법률에 따라 사람을 비방할 목적으로 정보통신망을 통해 공공연하게 사실이나 거짓의 사실을 드러내어, 타인의 명예를 훼손한 자에 대해 적용하는 범죄를 말합니다.

명예훼손죄는 피해자의 고소가 없어도 처벌할 수 있지만 피해자가 가해자의 처벌을 원하지 않는다는 의사를 표시하면 처벌할 수 없는 범죄인 '반의사불벌죄에 속합니다. 그러므로 피해자가 명예훼손을 당한 사실을 모르거나 처벌 의사가 없다면 죄가 성립되지 않습니다. 형법 제307조 명예훼손죄에 대해 '공연히 사실이나 허위사실을 적시(摘示)하여 사람의 명예를 훼손함으로써 성립하는 범죄'라 규정하고 있습니다. 여기서 말하는 명예란 외부적 명예, 즉 사람의 인격에 대한 사회적 평가를 의미하며 명예의 주체에는 자연인이나 법인뿐만 아니라 기타 단체도 포함됩니다.

정보통신망 이용촉진 및 정보보호 등에 관한 법률 제70조에서는 형법상의 명예훼손죄에 대한 특칙으로서 정보통신망에서의 명예훼손 관련 규정을 두고 있는 것입니다. 그 내용은 사람을 비방할 목적으로 정보통신망을 통하여 공공연하게 사실을 드러내어 거짓의 사실을 드러내어 타인의 명예를 훼손한 자로 정의하고 있고, 일반 명예훼손죄에서는 사실적시, 허위의 사실적시에 의하여 타인의 명예를 훼손한 자로 정의하고 있는 것은 같은 내용입니다.

일반 명예훼손죄의 경우 2년 이하, 출판물에 의한 명예훼손은 3년 이하의 징역에 처해지는 데 비해 사이버명예훼손죄(7년 이하의 징역)에 무거운 처벌이 따르는 것은 온라인상에서의 명예훼손 행위는 인터넷의 특성인 시·공간적 무제한성, 고도의 신속성과 전파성 등으로 인해 훨씬 큰 피해를 줄 수 있기 때문에 일반 명예훼손죄에 비해 그 형을 가중처벌하고 있는 것입니다.

또한 일반 명예훼손죄에서는 공연성을 '공연히'라고 하고 있고, 정보통신망 이용촉진 및 정보보호 등에 관한 법률 제70조 제1항 제2항의 명예훼손죄에서는 공연성을 '공공연하게' 라고 정의하고 있지만 동일한 것으로 '공연히' 라 함은 불특정 또는 다수인이 인식할 수 있는 상태를 말하는 것이며 '훼손'은 반드시 현실로 명예를 침해함을 요하지 아니하고, 사회적 평가를 저하시킬 위험상태를 발생시키는 것으로 판례는 해석하고 있습니다.

명예의 개념은 사람의 인격에 대해 외부적으로 주어지는 명성이나 사회적 평가(외적명예), 사람의 고유한 내면적 인격가치(내적명예), 자신에 대한 주관적 평가(명예감정)등으로 나눌 수 있는데, 일반적으로 사이버명예훼손의 보호대상은 외적명예의 훼손을 말하는 것입니다.

제1절/

사이버명예훼손죄 '성립요건' -

정보통신망 이용촉진 및 정보보호 등에 관한 법률 제70조 명예훼손죄(이하 '사이버명예훼손죄' 라고 줄여 쓰겠습니다)가 성립하기 위해서는 기본적으로 객관적 구성요건요소인 (1) '공공연하게' (일반 명예훼손죄에서는 '공연히' 라고 합니다) 공연성이 인정되어야 하고, (2) '사실을 드러내어' (일반 명예훼손죄에서는 '사실적시' 라고 합니다) 또는 '거짓의 사실을 드러내어' (일반 명예훼손죄에서는 '허위의 사실을 적시' 라고 합니다)가 있어야 하고, 그리고 출판물이나 사이버 상에서의 표현 행위라는 특수한 행위 태양을 규율하는 '사이버명예훼손죄' 가 성립하기 위해서는 위와 같은 기본적인 구성요건요소 외에 (3) '사람을 비방할 목적' 이라는 초과주관적인 요소가 더 인정되어야 사이버명예훼손죄가 성립합니다.

형법 제307조 제1항 사실적시에 의한 명예훼손죄와 정보통신망 이용촉진 및 정보보호 등에 관한 법률 제70조 제1항 사실을 드러낸 명예훼손의 행위가 진실한 사실로서 오로지 공공의 이익에 관한 때에는 형법 제310조에 의한 위법성이 조각되어 처벌하지 않습니다. 위법성이 조각되려면 적시한 사실은 진실한 사실이어야 성립합니다.

형법 제310조 위법성조각사유는 "형법 제307조 제1항 사실적시에 의한 명예훼손 행위가 진실한 사실로서 오로지 공공의 이익에 관한 때에는 처벌하지 아니 한다" 고 규정하고 있으므로, 또한 정보통신망법 제70조 제1항 사실을 드러낸 사이버명예훼손죄와 동일하게 적용되기 때문에 공연히 사실을 적시하여 사람의 명예를 훼손하였다고 하더라도, 그 사실이 공공의 이익에 관한 것으로서 공공의 이익을 위할 목적으로 그 사실을 적시한 경우에는, 그 사실이 진실한 것임이 증명되면 위법성이 조각되어 그 행위를 처벌하지 아니하는 것인바, 위와 같은 형법의 규정은 인격권으로서의 개인의 명예의 보호와 헌법 제21조에 의한 정당한 표현의 자유의 보장이라는 상충되는 두 법익의 조화를 꾀한 것이라고 보아야 할 것이므로, 이들 두 법익간의 조화와 균형을 고려한다면, 적시된 사실이 진실한 것이라는 증명이 없더라도 행위자가 그 사실을 진실한 것으로 믿었고 또 그렇게 믿을 만한 상당한 이유가 있는 경우에는 위법성이 없다고 보아야 합니다.

그리고 이 경우에 적시된 사실이 공공의 이익에 관한 것인지의 여부는 그 사실 자체의 내용과 성질에 비추어 객관적으로 판단하여야 할 것이고, 행위자의 주요한 목적이 공공의 이익을 위한 것이라면 부수적으로 다른 사익적인 동기가 내포되어 있었다고 하더라도 형법 제310조 위법성조각사유의 적용을 배제할 수는 없습니다.

위법성조각사유는 형법 제307조 명예훼손죄 제1항 의 행위가 진실한 사실로서 오로지 공공의 이익에 관한 때에는 처벌하지 않으며, 해당 위법성조각사유는 허위사실의 적시에 의한 명예훼손에는 적용되지 않고, 대법원은 '적어도 행위자가 그 사실을 진실한 것으로 믿었고 또 그렇게 믿을 만한 상당한 이유가 있어야 할 것이며, 그것이 진실한 사실로서 오로지 공공의 이익에 관한 때에 해당된다는 점은 행위자가 증명하여야 한다.' 라고 밝히고 있습니다.

위법성조각사유가 성립되기 위해서는 적시된 사실의 (1) '진실성'과 사실적시 목적의 (2) '공익성' 이 충족되어야 합니다.

따라서 허위의 사실 적시를 대상으로 하는 형법 제307조 제2항 명예훼손죄, 정보통신망 이용촉진 및 정보보호 등에 관한 법률 제70조 제2항 거짓의 사실을 드러낸 명예훼손죄에 대해서는 형법 제310조 위법성조각사유는 적용되지 않습니다.

명예훼손죄는 형법상의 명예훼손이나 정보통신망의 명예훼손은 제1항에서 사실적시에 의한 명예훼손을 규율하고 있고, 제2항은 허위의 사실적시에 의한 명예훼손을 각 규율하고 있으며, 허위사실의 적시에 의한 명예훼손은 사실적시에 의한 명예훼손에 비하여 그 처벌은 가중처벌하고 있습니다.

제2절/

사이버명예훼손죄 '공연성' -

사이버명예훼손죄가 성립하기 위해서는 '공연성' 이 인정되어야 성립합니다.

사이버명예훼손죄의 '공공연하게' 는 일반 명예훼손죄의 '공연히' 의 공연성은 모두 동일한 것입니다.

피해자에게 명예훼손 한 사실을 제3자 등이 목격했을 때 비로소 인정되는 것입니다. 대법원의 중요한 판례에 의하면 공연성은 '불특정 또는 다수인이 인식할 수 있는 상태' 라고 밝히고 있습니다.

형법상의 일반 명예훼손죄이든 정보통신망 이용촉진 및 정보보호 등에 관한 법률 사이버명예훼손죄는 항상 '공연히', '공공연하게' 라는 성립요건이 필요한데 이는 '공연성' 이 있어야만 사이버명예훼손죄가 성립한다는 것을 의미합니다.

공연성은 즉, 불특정 또는 다수인이 인식할 수 있는 상태에서 명예훼손 행위를 한 경우에만 혐의가 인정된다는 것입니다.

여기서 '불특정 또는 다수인' 이라는 것은 반드시 많을 사람일 필요는 없습니다. 대상이 불특정 돼 있다면 그 수가 소수라도 공연성이 인정될 수 있습니다. 또 다수의 사람이 알 수 있는 상태라면 특정 여부를 따지지 않고 사이버명예훼손죄가 성립합니다.

예외적으로 한명에게만 말을 해도 공연성이 인정되는 경우도 있는데 이는 불특정 또는 다수인에게 전파될 가능성이 있다는 점을 들어

‘공연성’ 을 인정한 경우입니다. 도심의 거리나 식당 등 공공연한 장소에서 일부 동네 사람에게 허위사실을 유포해 결과적으로 다른 동네 사람들도 알게 된 경우, 온라인 대화방에서 상대방으로부터 비밀을 지키겠다는 약속을 듣고 비밀 일대일 대화를 한 경우 등입니다.

그러나 ‘공연성’ 이 인정되지 않아 사이버명예훼손죄가 성립하지 않는 것은 ‘피해자와 그 남편 앞에서 사실을 드러낸 경우’ , ‘피해자의 친척 한사람에게 불륜관계를 드러낸 경우’ , ‘레스토랑 안에서 다른 손님의 자리와 멀리 떨어져 있는 자리에서 피해자와 동업관계에 있고 친한 사이인 사람에게 피해자의 험담을 한 경우’ , ‘기자가 취재를 한 상태에서 아직 기사화해 보도하지 않아 사실을 드러내지 경우’ 등은 전파가능성이 없으므로 ‘공연성’ 이 인정되지 않습니다.

공연성은 제3자가 불특정한 경우 그 숫자가 다수이건 소수이건 상관이 없다는 뜻이며, 제3자가 다수인 경우 그 특정이 불특정이건 특정이건 상관이 없다는 의미로 제3자가 불특정할 경우 그 숫자가 다수이건 소수이건 상관없이 공연성이 인정되고, 제3자의 숫자가 다수인 경우 그 특정이 불특정이건 특정이건 상관없이 공연성이 인정된다는 것입니다.

공연성에서의 특정이란 친분이 있는 사람을 말합니다.

불특정은 친분이 없는 사람 제3자를 말하는데 대법원은 전파가능성을 기준으로 하는데 명예훼손을 당한 명예훼손 적 내용이 다수의 사람들에게 전파될 가능성이 있느냐에 중점을 두고 있습니다.

예컨대 명예훼손 적 내용이 전파가능성이 있다면 ‘공연성’ 이 인정되고 전파가능성이 없다면 공연성은 부정된다는 뜻입니다.

그러므로 명예훼손죄의 성립요건인 “공연성” 은 불특정 또는 다수인이 인식할 수 있는 상태를 의미하므로 비록 특정의 한 사람에 대하여 어떤 사실을 드러낸 경우 이로부터 불특정 또는 다수인에게 전파될 가능성이 있다면 공연성의 요건을 충족하는 것이나 이와 달리 전파될 가능성이 없다면 공연성이 없는 것으로 판단합니다.

정보통신망 이용촉진 및 정보보호 등에 관한 법률 제70조 사실을 드러낸 사이버명예훼손죄, 같은 제2항 거짓을 드러낸 사이버명예훼손죄에서 '공공연하게' 또한 형법에서의 '공연성'과 같은 의미로서 소위 '공연히' 사람의 명예를 훼손한 자라 함은 다수인 혹은 불특정 인이 견문할 수 있는 상황에서 사람의 사회적 가치 내지 평가를 떨어뜨리기 충분한 사실을 적시한 자를 말하고 그 다수인의 자격에 일정한 제한이 있는 경우에도 그 행위는 공연성이 있습니다.

공연성은 피해자가 명예훼손을 당하는 장면을 불특정한 제3자가 목격한 경우에 성립하기 때문입니다.

<u>인터넷 사이버 상에서 일어난 사이버명예훼손죄는 무조건 '공연성'은 성립합니다</u>.

또 목격한 제3자가 피해자와 어떤 관계에 있는지에 따라 성립여부가 결정되며 그 제3자는 친구, 지인, 모르는 타인으로 나눌 수 있는데 친구와 지인은 특정한 제3자이고, 모르는 타인은 불특정한 제3자입니다. 대법원은 제3자가 특정한 경우 그 숫자가 다수일 경우에만 공연성을 인정하고 제3자가 불특정한 경우 그 숫자가 소수이더라도 공연성을 인정하고 있으므로 말하자면 친구나 지인은 특정한 제3자이므로 그 숫자가 다수인 경우에만 공연성이 인정되므로 모르는 타인은 불특정 제3자이므로 그 숫자가 소수일 경우에도 공연성이 인정됩니다.

사이버명예훼손죄의 공연성에 있어 특정은 피해자와 제3자가 친분이 있는 경우 특정하다고 보고 있으며, 불특정은 피해자와 제3자가 친분이 없는 경우 불특정하다고 보고 있습니다.

그래서 인터넷 상에서 게시 글이나 댓글로 사이버명예훼손을 당했을 때에는 이를 목격하는 제3자가 다수인이므로 제3자가 피해자와 친분이 있거나 친분이 없어도 상관없이 '공연성' 은 성립됩니다.

이는 특정한지 불특정한지를 친분으로 구분하는 것은 '전파가능성' 을 판단하기 위함입니다.

그러므로 명예에 관한 죄에서 공통적으로 요구되는 '공연성' 의 의미를 '불특정 또는 다수인이 인식할 수 있는 상태' 를 말합니다.

명예훼손죄의 구성요건인 '공연성' 은 불특정 또는 다수인이 인식할 수 있는 상태를 말하고, 비록 개별적으로 한 사람에게 그 사실을 유포하였다고 하더라도 그로부터 불특정 또는 다수인에게 전파될 가능성이 있다면 공연성의 요건을 충족하지만, 반대로 전파될 가능성이 없다면 특정한 한 사람에게 한 사실의 유포는 공연성이 없다고 판시하고 있습니다.

명예훼손죄는 사람의 사회적 가치 내지 평판을 저하시키는 결과를 염두에 두고 있으므로 명예를 훼손할 만한 사실이 결국 불특정인 또는 다수인에게 전파될 가능성이 있다면 '공연성' 을 인정할 수 있습니다.

대법원은 판결에서 '비밀이 잘 보장되어 외부에 전파될 염려가 없는 경우가 아니면 비록 개별적으로 한 사람에 대하여 사실을 유포하였더라도 연속하여 수인에게 사실을 유포하여 그 유포한 사실이 외부에 전파될 가능성이 있는 이상 공연성이 있다 할 것이다.' 라고 설시한 이후 일관되게 적시된 사실 또는 허위의 사실의 '전파가능성' 을 기준으로 그 적시 행위가 공연성을 가지는지 여부를 판단하고 있습니다.

공연성은 불특정 또는 다수인이 인식할 수 있는 상태를 의미하므로 비록 개별적으로 한 사람에 대하여 사실을 유포하더라도 이로부터 불특정 또는 다수인에게 전파될 가능성이 있다면 공연성의 요건을 충족한다 할 것이지만 이와 달리 전파될 가능성이 없다면 특정한 한 사람에 대한 사실의 유포는 공연성이 인정되지 않습니다.

대법원은 사이버명예훼손죄가 성립하려면 어떤 사람에 대한 사회적 평가가 침해될 수 있을 정도로 구체적인 사실을 적시해야 한다고 밝히면서, 피해자가 사실은 동성애자가 아닌데도 가해자가 인터넷 사이트 싸이월드에 7회에 걸쳐 피해자가 동성애자라는 내용의 글을 쓴 사건에서 사이버명예훼손죄의 성립을 인정했고(대법원 2007.10.25. 선고 2007도5077 판결)

인터넷 포털 사이트의 기사 란에 마치 특정 여자연예인이 재벌의 아이를 낳았거나 그 대가를 받은 것처럼 댓글이 달린 상황에서 같은 취지의 댓글을 추가 게시한 경우도 정보통신망법상의 사이버명예훼손죄를 인정했습니다.(대법원 2008.7.10. 선고 2008도 2422 판결).

그리고 인터넷상의 1:1 대화에 대해서도 명예훼손죄의 요건인 공연성이 있는 경우 명예훼손죄의 성립을 인정했습니다.(대법원 2008.2.14. 선고 2007도8155 판결).

사이버명예훼손이 되려면 공연(公然)히, 즉 불특정 또는 다수인이 인지(認知)할 수 있는 상황에서 정보통신망을 통하여 사실 또는 거짓의 사실을 적시(摘示)하여야 합니다. 그 방법에는 제한이 없으며, 그로 인해 반드시 사회적 평가를 저하(低下)시켰음을 요하지 아니하고, 저하케 하는 위험상태를 발생시킴으로써 충분합니다.

다만, '명예훼손' 과 '기분이 나쁜 것' 은 구별해야 합니다.

'명예훼손' 이란 '사회적 가치를 떨어뜨리는 사실을 퍼뜨리는 것' 을 뜻합니다.

사이버명예훼손의 '공연성' 원리는 간단합니다.

이름이나 사진이 이용된 매체가 언론 기사든, 모델소설이든, 가요 앨범이든, 공연이든, '하자가 없는 상품·서비스' 의 내용을 전달하는 데 필요 불가분한 이용이었으면 '상업적 이용' 이 아니므로 퍼블리시티권 침해가 아니므로 정보통신망 이용촉진 및 정보보호 등에 관한 법률 제70조 제1항 사이버명예훼손이 성립하지 않습니다.

명예훼손은 인격권으로서 '명예' 는 인간이 지키고자 하는 본연의 것이며 때로는 생명만큼 중시되기도 합니다. 인터넷 시대에는 이렇게 소중한 명예가 한 줄의 댓글로 쉽게 상처받을 수 있으며 한 번의 클릭으로 사이버명예훼손 적 표현이 세상으로 널리 퍼져 나갈 수 있습니다.

명예훼손은 개인이 자기의 명예를 존중받을 수 있는 법적 청구권을 보호법익으로 합니다. 개인의 '외적 명예' , 즉 개인에 대한 '사회적 평가' 를 저하시키는 표현에 대해서는 사이버명예훼손죄로 처벌받을 수 있고 손해배상 책임도 면할 수 없습니다.

형법은 일반적인 명예훼손은 제307조로 처벌하되, 출판물과 미디어의 명예훼손은 제309조에 의하여 가중처벌하고 있습니다. 인터넷상의 사이버명예훼손도 형법 제309조 출판물에 의한 명예훼손죄를 적용해 가중 처벌할 것인지 문제가 되었으나, 대법원은 제309조의 '신문, 잡지 또는 라디오 기타 출판물' 에 인터넷은 해당하지 않는다고 판단했습니다.(대법원 1998. 10. 9. 선고 97도158 판결). 그러나 인터넷의 특성상 누구나 쉽게 온라인에 접속해 명예훼손 적 표현을 남길 수 있고, 그러한 표현은 빠르고 광범위하게 확산되므로 오프라인의 피해보다 온라인 명예훼손의 피해가 더 심각한 경우가 많습니다.

사이버명예훼손죄는 그 행위를 '공공연(公公然)하게' 해야 성립하고, 사적으로 특정 소수 인에게 유포시킨 경우에는 '공연성' 이 성립하지 않습니다.

제3절/

사이버명예훼손죄 '사실을 드러내어' -

정보통신망 이용촉진 및 정보보호 등에 관한 법률 제70조 제1항 사실을 드러낸 사이버명예훼손죄가 성립하기 위해서는 '사람을 비방할 목적으로 정보통신망을 통하여 공공연하게 사실을 드러내어 다른 사람의 명예를 훼손' 하여야 사이버명예훼손죄가 성립합니다.

형법 제307조 제1항 사실적시에 의한 명예훼손죄의 '사실적시' 와 정보통신망 이용촉진 및 정보보호 등에 관한 법률 제70조 제1항 사실을 드러낸 사이버명예훼손죄 '사람을 비방할 목적으로 정보통신망을 통하여 공공연하게 사실을 드러내어 다른 사람의 명예를 훼손' 은 동일한 성립요건입니다.

사이버명예훼손죄가 성립하기 위해서는 '사람을 비방할 목적으로 정보통신망을 통하여 공공연하게 사실을 드러내어 다른 사람의 명예를 훼손' 하였어야 하는데 '사실을 드러낸 명예훼손은 이로써 특정인의 사회적 가치 내지 평가가 침해될 가능성이 있을 정도로 구체성을 띠어야' 합니다.

그래서 구체적인 사실을 드러낸 사이버명예훼손죄와 모욕죄를 구별하는 기준이 됩니다.

구체적 사실이 아닌 단순한 추상적 판단이나 경멸적 감정의 표현은 모욕일 수는 있어도 사이버명예훼손이라고 할 수 없습니다.

판례에 의하면 '명예' 는 인격, 기술, 능력, 건강, 신분 등 사회생활에서 존중되어야 할 모든 가치를 의미하고, 명예훼손죄에 의해 보호되는 명예를 '사람의 인격적 가치와 그의 도덕적·사회적 행위에 대한 사회적 평가' 즉 외적 명예로 해석하고 있습니다.

그러므로 사이버명예훼손죄가 성립하기 위해서는 사실을 드러내어 다른 사람의 명예를 훼손해야 합니다.

말하자면 어떠한 사람이 전시회나 공연 등에 대하여 자신의 느낀 바를 말하는 경우에는 사실을 적시하는 것이 아닌 행위자 개인의 주관적인 평가나 가치판단이므로 그것이 그 사람의 사회적인 평가를 저해하는 결과가 발생한다 하더라도 사이버명예훼손죄가 성립하지 않습니다.

명예훼손죄에 대한 판례에 의하면 '사실의 적시' 는 '가치판단이나 평가를 내용으로 하는 의견표현' 에 대치되는 개념입니다. 따라서 적시의 대상인 '사실' 의 의미를 명확하게 하고, '사실의 적시' 와 '가치판단' 또는 '의견 표현' 을 구별할 필요성이 있습니다.

사실적시의 대상이 되는 '사실' 의 내용은 사람의 외부적 명예를 훼손하는 것이므로 적시될 사실은 사람의 사회적 가치 내지 평가를 저하시키는데 적합한 것이어야 합니다.

'사실' 은 널리 사회적 가치를 해할 만한 사실이면 되는데, 여기의 사회적 가치에는 인격·기술·지능·학력·경력은 물론 건강·신분·가문 등 사회생활에서 존중되어야 할 모든 가치가 포함되지만 경제적 가치를 저하시키는 것은 형법에서 신용훼손죄를 구성하며, 적시될 사실은 반드시 숨겨진 사실일 것을 요하지 아니하며 이미 알려진 사실이거나 듣는 사람이 알고 있는 사실을 적시하는 경우도 포함되며, 스스로 실험한 사실이건 타인으로부터 듣게 된 사실이건 불문합니다.

사실을 구성하는 요소로는 (1)감지가능성 (2)입증가능성 (3)구체성의 세 가지가 있는데 감지가능성과 입증가능성은 중첩되는 의미를 담고 있어 생략하고 '구체성' 은 표현된 내용 중에서 시간, 장소 등이 반드시 특정될 필요는 없지만, 현재 또는 과거의 사건이나 상황에 관하여 감지할 수 있을 정도로 구체적이어야 한다는 것을 의미합니다.

따라서 임시적인 표현이라도 특정인의 가치 내지 평가가 침해될 가능성이 있을 정도의 '구체성' 이 있으면 사이버명예훼손죄의 '사람을 비방할 목적으로 정보통신망을 통하여 공공연하게 사실을 드러내어 다른 사람의 명예를 훼손' 한 것으로 해당합니다.

장래의 사실은 명예훼손죄에 사실에 포함되지 아니한다는 것은 장래의 사실적시는 의견 진술에 가까우므로 현재의 시점에서는 그 적시된 내용의 진위 여부를 확정할 수 없으므로 모욕죄에 해당할 수는 있어도 명예훼손죄를 근거지우지는 못합니다.

명예훼손죄에서 '사실의 적시' 와 '가치판단' 의 구별은 형법 제307조 이하 명예훼손죄의 적용과 관련하여 매우 중요한 역할을 하며, 명예훼손죄는 사실을 적시한 사안에만 적용됩니다.

사실은 '사람의 오관의 작용에 의하여 현실적으로 발생하고 증명할 수 있는 과거와 현재의 구체적인 사건이나 상태'를 의미하므로, 사실을 적시하는 행위는 우리의 현실을 둘러싸고 있는 체계에 관한 정보를 전달해 주는 것이라 할 수 있습니다.

이와 같은 사실의 체계는 원칙적으로 모든 사람에게 동일하게 인식될 수 있기 때문에 그에 대해서는 증명이 가능하며, 따라서 사실은 객관적으로 진실 또는 허위인데 동시에 양립은 불가능합니다.

표현행위가 (1)사실의 적시 (2)경멸적 표현 (3)단순한 의견표현 중 어느 것에 해당하는지의 여부는 '사회통념' 에 의하여 객관적으로 결정하여야 합니다.

명예훼손죄에 있어 표현행위를 하는 사람이 그의 주관적인 의견을 강조하기 위하여 어떠한 개별적인 사실적 주장들을 적시한 경우 그와 같은 표현행위는 가치판단에 해당할 수 있는데, 판례도 어떠한 표현행위를 함에 있어 그 표현을 강조하기 위한 수법으로서 사용되어진 개별적 사실이 그 표현을 강조할 뿐 어떠한 다른 사실을 적시하거나 암시하는 것으로 볼 수 없는 경우에는 '사실의 적시' 라고 볼 수 없다고 판시한 바 있습니다.

어떤 표현이 단지 사설적인 관계를 강조하는데 그치거나 또는 사실적 주장은 표현행위가 의도하는 가치판단의 배후에만 머물러 사실에 관한 적시가 가치판단을 보다 더 상세하게 근거지우거나 분명하게 드러나게 하는 데에만 이용되는 경우라면 이와 같은 표현은 가치판단에 속한다고 볼 수 있습니다.

주관적 의견표현이라 하더라도 그 내용이 사실에 관한 실체를 담고 있는 경우 그와 같은 표현은 사실의 적시에 해당하게 됩니다. 말하자면 의미 있고 중요한 사실을 주장하는 표현이 경미한 형태의 비난적 가치판단을 동시에 표현하는 경우 이와 같은 표현은 사실을 드러낸 적시로 보아야 할 것입니다.

예컨대 갑은 을을 강간했다. 갑은 짐승 같은 놈이다. 라는 표현에 있어 입증이 가능한 사실인 강간에 더 중요한 의미가 부여되는 것인지 아니면 '짐승 같은 놈' 이라는 가치판단에 더 중요한 의미가 부여되어 있는지 여부를 판단하여야 할 것인데 당해 표현에 있어서는 '짐승과 같은 놈' 이라는 표현은 단순히 사건에 관한 표현행위자의 주관적인 평가로 보아야 할 것이고, 강간이라는 사실을 드러낸 표현으로 보아야 할 것입니다.

제4절/

사이버명예훼손죄 '거짓을 드러내어' -

정보통신망 이용촉진 및 정보보호 등에 관한 법률 제70조 제2항 거짓을 드러낸 사이버명예훼손죄가 성립하기 위해서는 '사람을 비방할 목적으로 정보통신망을 통하여 공공연하게 거짓을 드러내어 다른 사람의 명예를 훼손' 하여야 사이버명예훼손죄가 성립합니다.

형법 제307조 제2항 허위의 사실적시에 의한 명예훼손죄의 '허위의 사실적시' 와 정보통신망 이용촉진 및 정보보호 등에 관한 법률 제70조 제2항 거짓을 드러낸 사이버명예훼손죄 '사람을 비방할 목적으로 정보통신망을 통하여 공공연하게 거짓을 드러내어 다른 사람의 명예를 훼손' 은 동일한 성립요건입니다.

정보통신망 이용촉진 및 정보보호 등에 관한 법률 제70조 제2항 거짓을 드러낸 사이버명예훼손죄 '사람을 비방할 목적으로 정보통신망을 통하여 공공연하게 거짓을 드러내어 다른 사람의 명예를 훼손' 하여야 하고, 그 드러낸 사실이 사람의 사회적 평가를 저하시키는 것으로서 거짓이어야 하며, 범인이 그와 같은 사실이 거짓이라고 인식하였어야 성립합니다.

대법원은 중요한 부분이 객관적 사실과 합치되는 경우에는 세부에 있어서 진실과 약간 차이가 나거나 다소 과장된 표현이 있다 하더라도 이를 '거짓을 드러낸 사실의 적시' 라고 볼 수 없다고 판시하고 있습니다.

위와 같이 알 수 있듯이 법원은 적시된 사실의 허위성을 아주 좁게 인정하고 있는 것으로 보여 집니다.

만약 적시된 사실의 사소한 부분까지도 진실과 일치하는 경우에만 허위성이 부정된다면 우리의 발언은 대부분 거짓으로 판단될 것입니다.

사실의 적시가 인정되는 경우는 적시된 사실과 실제 사실이 중요한 부분에서 일치하지 않는 경우들입니다.

범인이 인터넷 게시판에서 피해자를 성적으로 문란한 사람으로 몰아가기 위해서 존재하지 않는 남자관계 등을 마치 있었던 일처럼 게재하거나 유포하고, 단체 카톡 대화방에 게재한 경우 해당 적시내용이 거짓이라고 판단하는 데에는 어려움이 없으므로 정보통신망 이용촉진 및 정보보호 등에 관한 법률 제70조 제2항 거짓을 드러낸 사이버명예훼손죄가 성립합니다.

명예훼손죄가 성립하기 위해서는 '거짓을 드러낸 적시' 뿐만 아니라 적시된 그 거짓을 드러낸 사실이 피해자의 명예를 훼손할 수 있을 만한 내용이어야 거짓을 드러낸 사이버명예훼손죄가 성립합니다.

사이버명예훼손죄에 있어서 인터넷 게시판을 통하여 셋째 부인이니 첩이라니 애첩이라는 표현을 사용했다면 우리 사회의 일반 관념상 부도덕한 성적 관계를 암시하는 단어이므로 피해자가 부첩관계에 해당한다고 볼 만한 직접적인 증거가 없는 상황에서 범인이 위와 같은 발언을 반복하는 것은 (1)그 발언의 경위나 횟수, (2)그 표현의 구체적 방식과 정도 및 맥락, (3)범인이 의사를 전달하기 위하여 반드시 위와 같은 어휘를 선택할 필요성이 없는 점 등을 고려해 볼 때 정당한 비판의 범위를 크게 벗어나 피해자의 부정한 성적 관계를 암시함으로써 사회적 가치 내지 평가를 저하시키는 '거짓을 드러낸 적시' 라고 할 것이므로 정보통신망 이용촉진 및 정보보호 등에 관한 법률 제70조 제2항 거짓을 드러낸 사이버명예훼손죄가 성립합니다.

예를 들어 자신의 전처와 처제를 성적으로 문란한 사람으로 몰아가기 위해서 존재하지도 않는 사실(남자관계 등)을 마치 있었던 일처럼 기재한 전단지를 배포한 경우 해당 적시 내용이 거짓이라고 판단하는 데에는 어려움이 없습니다.

부도덕한 성적 관계를 암시하는 단어는 부도덕한 성적 관계에 해당한다고 볼 만한 직접 적인 증거가 없는 상황에서 반드시 이러한 어휘를 선택할 필요성이 없는 점을 고려해 볼 때 정당한 비판의 범위를 벗어나 부정한 성적 관계를 암시함으로써 그들의 사회적 가치 내지 평가를 저하시키는 정보통신망 이용촉진 및 정보보호 등에 관한 법률 제70조 제2항 거짓을 드러낸 사이버명예훼손죄가 성립합니다.

형법 제307조 제2항 허위사실 적시에 의한 명예훼손죄가 성립하려면 피해자가 특정된 허위사실의 적시행위가 있어야 하고, 반드시 사람의 성명을 명시하여 허위의 사실을 적시하여야만 하는 것은 아니므로 사람의 성명을 명시한 바 없는 허위사실의 적시행위도 그 표현의 내용을 주위사정과 종합 판단하여 그것이 특정인을 지목하는 것인가를 알아차릴 수 있는 경우에는 그 특정인에 대한 명예훼손죄가 성립합니다.

법원은 누구든지 범죄가 있다고 생각하는 때에는 고발할 수 있는 것이므로 어떤 사람이 범죄를 고발하였다는 사실이 주위에 알려졌다고 하여 그 고발사실 자체만으로 고발인의 사회적 가치나 평가가 침해될 가능성이 있다고 볼 수는 없고, 다만 그 고발의 동기나 경위가 불순하다거나 온당하지 못하다는 등의 사정이 함께 알려진 경우에 고발인의 명예가 침해될 가능성이 있다고 정보통신망 이용촉진 및 정보보호 등에 관한 법률 제70조 제2항 거짓을 드러낸 사이버명예훼손죄가 인정되었습니다.

제5절/

사이버명예훼손죄 '비방할 목적' -

정보통신망 이용촉진 및 정보보호 등에 관한 법률 제70조 사실 또는 거짓을 드러낸 사이버명예훼손죄가 성립하기 위해서는 초과 주관적인 요소로 '사람을 비방할 목적'이 인정되어야 성립합니다.

정보통신망법 제70조의 명예훼손죄는 사이버 명예훼손행위를 출판물에 의한 명예훼손죄로 의율 할 수 없음을 고려해 신설된 것으로 형법 제309조 툴판물에 관한 명예훼손죄의 구성요건 중 '신문, 잡지, 또는 라디오 기타 출판물에 의하여'를 '정보통신망을 통하여 공공연하게'란 구성요건으로 대체한 것과 법정형 중 벌금의 상한이 더 높다는 점을 제외하고는 출판물에 의한 명예훼손죄와 동일합니다.

특히 사람을 비방할 목적은 목적범의 법리적 특성을 고려할 때 '명예훼손의 고의'와는 분명 다르게 해석해야 하며, 이러한 해석에 의할 때 사람을 비방할 목적은 '명예훼손의 피해자를 불이익하게 할 일체의 목적'으로 이해할 수 있습니다.

"사람을 비방할 목적" 이란 가해 의사를 요하는 것으로서, 행위자의 주관적 의도의 방향에 있어 공공의 이익을 위한 것과 서로 상반됩니다.

그러므로 적시한 사실이 공공의 이익에 관한 것이라면 특별한 사정이 없는 한 비방할 목적은 부인됩니다.

정보통신망 이용촉진 및 정보보호 등에 관한 법률 제70조 제1항 사실을 드러낸 명예훼손죄, 제2항 거짓을 드러낸 명예훼손죄에서 정한 '사람을 비방할 목적'이란 가해의 의사 내지 목적을 요하는 것으로서, 사람을 비방할 목적이 있는지 여부는 당해 적시 사실의 내용과 성질, 당해 사실의 공표가 이루어진 상대방의 범위, 그 표현의 방법 등 그 표현 자체에 관한 제반 사정을 감안함과 동시에 그 표현에 의하여 훼손되거나 훼손될 수 있는 명예의 침해 정도 등을 비교, 고려하여 결정하여야 하는데, 공공의 이익을 위한 것과는 행위자의 주관적 의도의 방향에 있어 서로 상반되는 관계에 있으므로, 적시한 사실이 공공의 이익에 관한 것인 경우에는 특별한 사정이 없는 한 비방할 목적은 부인된다고 봄이 상당하고, 공공의 이익에 관한 것에는 널리 국가·사회 기타 일반 다수인의 이익에 관한 것뿐만 아니라 특정한 사회집단이나 그 구성원 전체의 관심과 이익에 관한 것도 포함하는 것이고, 행위자의 주요한 동기 내지 목적이 공공의 이익을 위한 것이라면 부수적으로 다른 사익 적 목적이나 동기가 내포되어 있더라도 비방할 목적은 인정되지 않습니다.

국가는 건전한 소비행위를 계도하고 생산품의 품질향상을 촉구하기 위한 소비자보호운동을 법률이 정하는 바에 따라 보장하여야 하며,(헌법 제124조), 소비자는 물품 또는 용역을 선택하는 데 필요한 지식 및 정보를 제공받을 권리와 사업자의 사업 활동 등에 대하여 소비자의 의견을 반영시킬 권리가 있고(소비자기본법 제4조), 공급자 중심의 시장 환경이 소비자 중심으로 이전되면서 사업자와 소비자 사이의 정보 격차를 줄이기 위해 인터넷을 통한 물품 또는 용역에 대한 정보 및 의견 제공과 교환의 필요성이 증대되므로, 실제로 물품을 사용하거나 용역을 이용한 소비자가 인터넷에 자신이 겪은 객관적 사실을 바탕으로 사업자에게 불리한 내용의 글을 게시하는 행위에 비방의 목적이 있는지는 제반 사정을 두루 심사하여 더욱 신중하게 판단하여야 합니다.

판례는 정보통신망 이용촉진 및 정보보호 등에 관한 법률 제70조 소정의 '사람을 비방할 목적' 이나 형법 제309조 제1항 출판물에 관한 명예훼손죄의 '사람을 비방할 목적' 과 마찬가지로 가해의 의사 내지 목적을 요하는 것으로서 공공의 이익을 위한 것과는 행위자의 주관적 의도의 방향에 있어 서로 상반되는 관계에 있다고 할 것이므로, 적시한 사실이 공공의 이익에 관한 것인 경우에는 특별한 사정이 없는 한 비방할 목적은 부인된다고 봄이 상당하고, 여기에서 '적시한 사실이 공공의 이익에 관한 경우'라 함은 적시된 사실이 객관적으로 볼 때 공공의 이익에 관한 것으로서 행위자도 주관적으로 공공의 이익을 위하여 그 사실을 적시한 것이어야 하는데, 공공의 이익에 관한 것에는 널리 국가·사회 기타 일반 다수인의 이익에 관한 것뿐만 아니라 특정한 사회집단이나 그 구성원 전체의 관심과 이익에 관한 것도 포함하는 것이며, 적시한 사실이 공공의 이익에 관한 것인지 여부는 당해 명예훼손 적 표현으로 인한 피해자가 공무원 내지 공적 인물과 같은 공인인지 아니면 사인에 불과한지 여부, 그 표현이 객관적으로 국민이 알아야 할 공공성·사회성을 갖춘 공적 관심 사안에 관한 것으로 사회의 여론형성 내지 공개토론에 기여하는 것인지 아니면 순수한 사적인 영역에 속하는 것인지 여부, 피해자가 그와 같은 명예훼손 적 표현의 위험을 자초한 것인지 여부, 그리고 그 표현에 의하여 훼손되는 명예의 성격과 그 침해의 정도, 그 표현의 방법과 동기 등 제반 사정을 고려하여 판단하여야 합니다.

그러나 허위라는 것을 알거나 진실이라고 믿을 수 있는 정당한 이유가 없는데도 진위를 알아보지 않은 경우 형법 제314조 업무방해죄 또는 형법 제313조 신용훼손죄가 성립될 수 있습니다.

정보통신망법 제70조의 구성요건 상 '사람을 비방할 목적'은 '공연성'과 더불어 사이버 공간에서 표현의 자유를 두텁게 보호하기 위한 입법자의 의지가 반영된 것으로 해석할 수 있습니다.

제6절/

사이버명예훼손죄 '위법성조각사유' -

형법 제310조 위법성조각사유는 "형법 제307조 제1항 사실적시에 의한 명예훼손 행위와 정보통신망 이용촉진 및 정보보호 등에 관한 법률 제70조 사실을 드러낸 사이버명예훼손 행위가 진실한 사실로서 오로지 공공의 이익에 관한 때에는 처벌하지 아니 한다" 고 규정하고 있으므로, 공연히 사실을 적시하여 사람의 명예를 훼손하였다고 하더라도, 그 사실이 공공의 이익에 관한 것으로서 공공의 이익을 위할 목적으로 그 사실을 적시한 경우에는, 그 사실이 진실한 것임이 증명되면 위법성이 조각되어 그 행위를 처벌하지 않습니다.

위와 같은 형법 제310조 위법성조각사유의 규정은 인격권으로서의 개인의 명예의 보호와 헌법 제21조에 의한 정당한 표현의 자유의 보장이라는 상충되는 두 법익의 조화를 꾀한 것이라고 보아야 할 것이므로, 이들 두 법익간의 조화와 균형을 고려한다면, 적시된 사실이 진실한 것이라는 증명이 없더라도 행위자가 그 사실을 진실한 것으로 믿었고 또 그렇게 믿을 만한 상당한 이유가 있는 경우에는 위법성이 없다고 보아야 합니다.

그리고 이 경우에 적시된 사실이 공공의 이익에 관한 것인지의 여부는 그 사실 자체의 내용과 성질에 비추어 객관적으로 판단하여야 할 것이고, 행위자의 주요한 목적이 공공의 이익을 위한 것이라면 부수적으로 다른 사익적인 동기가 내포되어 있었다고 하더라도 형법 제310조 위법성조각사유의 적용을 배제할 수는 없습니다.

건전한 소비행위를 계도하고 생산품의 품질향상을 촉구하기 위한 소비자보호운동을 법률이 정하는 바에 따라 보장하여야 하며,(헌법 제

124조), 소비자는 물품 또는 용역을 선택하는 데 필요한 지식 및 정보를 제공받을 권리와 사업자의 사업 활동 등에 대하여 소비자의 의견을 반영시킬 권리가 있고(소비자기본법 제4조), 공급자 중심의 시장 환경이 소비자 중심으로 이전되면서 사업자와 소비자 사이의 정보 격차를 줄이기 위해 인터넷을 통한 물품 또는 용역에 대한 정보 및 의견 제공과 교환의 필요성이 증대되므로, 실제로 물품을 사용하거나 용역을 이용한 소비자가 인터넷에 자신이 겪은 객관적 사실을 바탕으로 사업자에게 다소 불리한 내용의 글을 게시하는 행위는 사실을 드러낸 공공의 이익에 관한 것이므로 위법성이 조각되어 처벌하지 않습니다.

제4장
고소장 사례

【고소장(1)】 사이버명예훼손죄 사내 전자게시판 거짓을 드러내어 강력한 처벌을 요구하는 고소장

고　　　소　　　장

고 소 인 : ○　○　○

피 고소 인 : ○　○　○

부산지방검찰청 동부지청 귀중

고 소 장

1. 고 소 인

성 명	○ ○ ○		주민등록번호	생략
주 소	부산시 해운대구 ○○로 ○길 ○○, ○○○호			
직 업	회사원	사무실 주 소	생략	
전 화	(휴대폰) 010 - 5541 - 0000			
대리인에 의한 고 소	□ 법정대리인 (성명 : , 연락처) □ 고소대리인 (성명 : 변호사, 연락처)			

2. 피고소인

성 명	○ ○ ○		주민등록번호	생략
주 소	부산시 ○○구 ○○로 ○○, ○○○-○○○○호			
직 업	회사원	사무실 주 소	생략	
전 화	(휴대폰) 010 - 7654 - 0000			
기타사항	고소인과의 관계 - 친 · 인척관계 없습니다.			

3. 고소취지

고소인은 피고소인을 정보통신망 이용촉진 및 정보보호 등에 관한 법률 제70조 제2항 사이버명예훼손죄로 고소하오니 철저히 수사하여 법에 준엄함을 깨달을 수 있도록 엄벌에 처하여 주시기 바랍니다.

4. 범죄사실

(1) 적용법조

① 정보통신망 이용촉진 및 정보보호 등에 관한 법률 제70조 제2항 명예훼손죄

사람을 비방할 목적으로 정보통신망을 통하여 공공연하게 거짓(허위사실유포)의 사실을 드러내어 다른 사람의 명예를 훼손한 자는 7년 이하의 징역, 10년 이하의 자격정지 또는 5,000만 원 이하의 벌금에 처한다.

(2) 이 사건의 경위

가, 고소인은 주소지에서 거주하면서 부산시 해운대구 ○○로 ○○, 소재 주식회사 ○○디발디퍼스트(이하 앞으로는 '위 회사' 라고 합니다)라는 회사에서 기술분야의 업무를 보고 있고, 피고소인은 위 같은 회사의 관리과에 근무하는 자입니다.

나, 고소인은 위 회사와 타 회사 간의 소송과 관련하여 ○○○○. ○○. ○○. ○○:○○경 부산지방법원에 출석하여 선서를 한 후 증언을 한 사실이 있었습니다.

다, 피고소인은 ○○○○. ○○. ○○. ○○:○○ 위 회사 전자게시판을 통해 고소인이 위증을 하여 위 회사가 타 회사에게 패소하도록 하였다며 고소인에 대하여 연구원으로서 품위를 손상시킨 행위를 하였으므로 즉각 인사 조치해야 한다는 게시 글을 올려 고소인의 명예를 훼손하였습니다.

(3) 공연성

가, 위 회사의 전자게시판은 위 회사의 전체 임직원 모두가 정보를 공유하고 열람할 수 있는 상태이므로 공연성이 성립됩니다.

나, 피고소인의 이 사건 범행에 의하여 고소인이 훼손되거나 훼손될 수 있는 명예의 침해 정도 등에 비추어 보면, 이 사건 범행이 오로지 공공의 이익에 관한 것이라고는 할 수 없고 전파가능성이 있습니다.

(4) 특정성

가, 피고소인은 위 회사의 전자게시판을 통하여 고소인에 대하여 구체적으로 소속을 비롯하여 이름과 사번 그리고 언제 어디 법원에서 증인을 했는데 위증을 했다고 게시 글을 올렸기 때문에 위 회사의 전체가 사실을 알 수 있는 상태였기에 익명성이 보장된 전자게시판이라 하더라도 인터넷 공간으로서 피해자인 고소인 본인이 충분히 특정 지어진 상태입니다.

(5) 거짓을 드러내어

가, 피고소인은 위 회사 전자게시판을 통하여 고소인이 위증하여 위 회사가 소송에서 패소하게 된 것으로 몰아가기 위해서 존재하지 않는 위증을 했다는 거짓을 판단하는 데에는 어려움이 없으므로 정보통신망 이용촉진 및 정보보호 등에 관한 법률 제70조 제2항 거짓을 드러낸 사이버명예훼손죄가 성립합니다.

나, 피고소인의 위 적시 내용은 '거짓을 드러낸 적시' 뿐만 아니라 적시된 그 거짓을 드러낸 사실은 고소인의 명예를 훼손할 수 있을 만한 내용이므로 사이버명예훼손죄가 성립합니다.

다, 피고소인이 위 회사의 전자게시판에 게시한 글은 고소인이 위증하여 위 회사가 타 회사에게 소송에서 패소한 것처럼 암시하는 단어이므로 고소인이 소송에서 위증에 해당한다고 볼 만한 직접적인 증거가 없는 상황에서 피고소인이 위와 같은 발언을 반복하는 것은 (1)그 발언의 경위나 횟수, (2)그 표현의 구체적 빙식과 정도 및 맥락, (3)피고소인이 의사를 전달하기 위하여 반드시 위와 같은 어휘를 선택할 필요성이 없는 점 등을 고려해 볼 때 정당한 비판의 범위를 크게 벗어나 고소인의 위증을 암시함으로써 사회적 가치 내지 평가를 저하시키는 '거짓을 드러낸 적시' 라고 할 것이므로 정보통신망 이용촉진 및 정보보호 등에 관한 법률 제70조 제2항 거짓을 드러낸 사이버명예훼손죄가 성립합니다.

(6) 비방할 목적

가, 피고소인은 고소인이 위증을 함으로써 위 회사가 타 회사 간의 소송에서 패소한 것으로 고소인을 비방할 목적을 가지고 위 회사의 전자게시판을 통하여 거짓을 드러낸 것이므로 비방할 목적이 인정됩니다.

나, 사람을 비방할 목적은 목적범의 법리적 특성을 고려할 때 '명예훼손의 고의' 와는 분명 다르게 해석해야 하며, 이러한 해석에 의할 때 사람을 비방할 목적은 '명예훼손의 고소인을 불이익하게 할 일체의 목적' 으로 이해할 수 있으므로 피고소인의 위와 같은 표현은 주관적 의도의 방향에 있어 공공의 이익을 위한 것과 서로 상반되므로 비방할 목적이 인정됩니다.

(7) 결론

이상과 같이 고소인은 피고소인을 정보통신망 이용촉진 및 정보보호 등에 관한 법률 제70조 제2항 명예훼손죄로 고소하오니 피고소인을 엄벌에 처하여 주시기 바랍니다.

5. 증거자료

□ 고소인은 고소인의 진술 외에 제출할 증거가 없습니다.

■ 고소인은 고소인의 진술 외에 제출할 증거가 있습니다.

☞ 제출할 증거의 세부내역은 별지를 작성하여 첨부합니다.

6. 관련사건의 수사 및 재판여부

① 중복 고소여부	본 고소장과 같은 내용의 고소장을 다른 검찰청 또는 경찰서에 제출하거나 제출하였던 사실이 있습니다 □ / 없습니다 ■
② 관련 형사사건 수사 유무	본 고소장에 기재된 범죄사실과 관련된 사건 또는 공범에 대하여 검찰청이나 경찰서에서 수사 중에 있습니다 □ / 수사 중에 있지 않습니다 ■
③ 관련 민사소송 유무	본 고소장에 기재된 범죄사실과 관련된 사건에 대하여 법원에서 민사소송 중에 있습니다 □ / 민사소송 중에 있지 않습니다 ■

7. 기타

본 고소장에 기재한 내용은 고소인이 알고 있는 지식과 경험을 바탕으로 모두 사실대로 작성하였으며, 만일 허위사실을 고소하였을 때에는 형법 제156조 무고죄로 처벌받을 것임을 아울러 서약합니다.

○○○○ 년 ○○ 월 ○○ 일

위 고소인 : ○ ○ ○ (인)

부산지방검찰청 동부지청 귀중

별지 : 증거자료 세부 목록

(범죄사실 입증을 위해 제출하려는 증거에 대하여 아래 각 증거 별로 해당 난을 구체적으로 작성해 주시기 바랍니다)

1. 인적증거

성 명	○ ○ ○	주민등록번호	생략	
주 소	부산시 해운대구 ○○로 ○○길 ○○○,		직업	상업
전 화	(휴대폰) 010 - 4453 - 0000			
입증하려는 내 용	위 ○○○은 피고소인의 범행일체에 대하여 소상히 알고 있으므로 이를 입증하고자 합니다.			

2. 증거서류

순번	증 거	작성자	제출 유무
1	캡처화면	피고소인	■ 접수시 제출 □ 수사 중 제출
2	진술서	고소인	■ 접수시 제출 □ 수사 중 제출
3			□ 접수시 제출 □ 수사 중 제출
4			□ 접수시 제출 □ 수사 중 제출
5			□ 접수시 제출 □ 수사 중 제출

3. 증거물

순번	증 거	소유자	제출 유무
1	캡처화면	고소인	■ 접수시 제출 □ 수사 중 제출
2			□ 접수시 제출 □ 수사 중 제출
3			□ 접수시 제출 □ 수사 중 제출
4			□ 접수시 제출 □ 수사 중 제출
5			□ 접수시 제출 □ 수사 중 제출

4. 기타증거

추후 필요에 따라 제출하겠습니다.

【고소장(2)】 사이버명예훼손죄 거짓을 드러내어 카톡 대화방에 비방하는 글을 올려 처벌요구 고소장

고　　　소　　　장

고 소 인 : ○　○　○

피 고소 인 : ○　○　○

강원도 삼척경찰서장 귀중

고 소 장

1. 고소인

성 명	○ ○ ○		주민등록번호	생략
주 소	강원도 삼척시 정상로 ○○길 ○○, ○○○호			
직 업	회사원	사무실 주 소	생략	
전 화	(휴대폰) 010 - 3435 - 0000			
대리인에 의한 고 소	□ 법정대리인 (성명 : , 연락처) □ 고소대리인 (성명 : 변호사, 연락처)			

2. 피고소인

성 명	○ ○ ○		주민등록번호	생략
주 소	강원도 삼척시 ○○로 ○○, ○○○-○○○호			
직 업	어업	사무실 주 소	생략	
전 화	(휴대폰) 010 - 9122 - 0000			
기타사항	고소인과의 관계 - 친 · 인척관계 없습니다.			

3. 고소취지

고소인은 피고소인을 정보통신망 이용촉진 및 정보보호 등에 관한 법률 제70조 제2항 거짓을 드러낸 명예훼손죄로 고소하오니 철저히 수사하여 법에 준엄함을 깨달을 수 있도록 엄벌에 처하여 주시기 바랍니다.

4. 범죄사실

(1) 적용법조

① 정보통신망 이용촉진 및 정보보호 등에 관한 법률 제70조 제2항 명예훼손죄

사람을 비방할 목적으로 정보통신망을 통하여 공공연하게 거짓(허위사실유포)의 사실을 드러내어 다른 사람의 명예를 훼손한 자는 7년 이하의 징역, 10년 이하의 자격정지 또는 5,000만 원 이하의 벌금에 처한다.

(2) 이 사건의 경위

가, 고소인은 주소지에서 거주하면서 강원도 삼척시 ○○로 ○길 ○○○소재 주식회사 ○○디앤씨라는 상호로 선박용품공급 업을 주업으로 하는 화사에 근무하고 있고, 피고소인은 강원도 삼척시 ○○면 ○○로 ○○, 소재에 주소를 둔 ○○어업이라는 상호로 선박식자재 납품 등을 주업으로 하는 업체를 운영하고 있습니다.

나, 고소인이나 피고소인은 주로 선박물품공급 업을 영위하는 업체에 종사하고 있기 때문에 크고 작은 어선들을 거래처로 두고 있어 개인 간의 정보를 공유하려는 취지로 어선을 소유하는 선주를 비롯하여 어선물품 등을 관리하는 전체 74명이 모여 카카오 톡 단체 카톡 방을 운영하고 있습니다.

다, 피고소인은 고소인이 많은 거래처를 보유하고 있고, 또 적기에 어선에서 필요한 물품을 구매하여 공급하는 등 활발하게 근무

하는 것에 시기하기로 마음먹고 ○○○○. ○○. ○○. ○○:○○ 고소인이 경기도 수원시 장안구 ○○로 ○○○, 소재의 육가공 식품업체로 하여금 사료로 밖에 사용할 수 없는 제품을 공급한고 있으니 조심하라는 글을 올렸습니다.

라, 이어 피고소인은 ○○○○. ○○. ○○. ○○:○○ 고소인을 비방할 목적으로 고소인이 근무하고 있는 위 회사가 수금한 돈을 수시로 가로 채 강원도 강릉시 소재 단란주점에서 여종업원과 놀아나고 있다는 거짓의 사실을 드러내어 고소인의 명예를 훼손한 사실이 있습니다.

(3) 공연성

가, 위 카카오톡 단톡방에 있는 74명의 단 톡 방 멤버들은 피고소인이 고소인을 비방할 목적으로 거짓을 드러내어 명예를 훼손한 내용만으로도 고소인임을 다 알 수 있으므로 공연성이 성립합니다.

나, 따라서 (1)육가공 식품업체로 하여금 사료로 밖에 사용할 수 없는 제품을 공급한고 있으니 조심하라는 글이나 (2)고소인이 근무하고 있는 위 회사가 수금한 돈을 수시로 가로 채 강원도 강릉시 소재 단란주점에서 여종업원과 놀아나고 있다는 명예훼손 적 표현은 위 단 톡 방의 멤버들은 모두 고소인이 취급하는 선박물품의 거래처이고 물품의 신선도와 관련이 있기 때문에 민감한 사안이라 전파가능성이 있습니다.

(4) 거짓을 드러낸(허위의 사실적시)

가, 피고소인이 위 카카오 톡 단체 카 톡 방에는 같은 업종에 종사하는 멤버들이 74명이나 가입되어 있어 수시로 정보를 공유하고 있는데 고소인을 사료로 사용하는 식료품을 판매하고 있다, 회사 돈을 횡령한 돈으로 성적으로 문란한 사람으로 몰아가기 위해서 존재하지 않는 여자관계 등을 마치 있었던 일처럼 게재하여 유포하고, 위 단체 카 톡 대화방에 게재한 적시의 내용이 거짓이라고 판단하는 데에는 어려움이 없으므로 정보통신망 이용촉진 및 정보보호 등에 관한 법률 제70조 제2항 거짓을 드러낸 명예훼손죄가 성립합니다.

나, 피고소인이 위 단체 카 톡 대화방에 게재하고 유포한 '거짓을 드러낸 적시' 뿐만 아니라 적시된 그 거짓을 드러낸 사실이 피해자의 명예를 훼손할 수 있는 내용이므로 거짓을 드러낸 사이버명예훼손죄가 성립합니다.

다, 피고소인이 사료로 사용하는 식료품을 판매하고 있다, 회사 돈을 횡령한 돈으로 성적으로 문란한 사람으로 몰아가기 위해서 존재하지 않는 여자관계 등을 마치 있었던 일처럼 게재하여 유포한 표현을 사용하였으므로 이는 우리 사회의 일반 관념상 부도덕한 성적 관계를 암시하는 단어이므로 고소인이 성적관계에 해당한다고 볼 만한 직접적인 증거가 없는 상황에서 피고소인이 위와 같은 발언을 반복하는 것은 (1)그 발언의 경위나 횟수, (2)그 표현의 구체적 빙식과 정도 및 맥락, (3)피고소인이 의사를 전달하기 위하여 반드시 위와 같은 어휘를 선택할 필요성이 없는 점 등을 고려해 볼 때 정당한 비판의 범위를 크게 벗어나 고소인이 사료를 식료품을 팔고 있다는 것이나 횡령범으로 부정한 성적 관계를 암시함으로써 사회적 가치 내지 평가를 저하시키는 '거짓을 드러낸 적시' 라고 할 것이므로 정보통신망 이용촉진 및 정보보호 등에 관한 법률 제70조 제2항 거짓을 드러낸 사이버명예훼손죄가 성립합니다.

(5) 비방할 목적

가, 정보통신망 이용촉진 및 정보보호 등에 관한 법률 제70조 사실 또는 거짓을 드러낸 사이버명예훼손죄가 성립하기 위해서는 초과 주관적인 요소로 '사람을 비방할 목적' 이 인정되어야 성립합니다.

나, 특히 사람을 비방할 목적은 목적범의 법리적 특성을 고려할 때 '명예훼손의 고의' 와는 분명 다르게 해석해야 하며, 이러한 해석에 의할 때 사람을 비방할 목적은 '명예훼손의 고소인을 불이익하게 할 일체의 목적' 으로 이해할 수 있으므로 피고소인의 위와 같은 표현은 주관적 의도의 방향에 있어 공공의 이익을 위한 것과 서로 상반되므로 비방할 목적이 인정됩니다.

5. 고소이유

고소인으로서는 주요 거래처이자 고객 74명에게 위 단체 카 톡 대화방을 통하여 이미 그 피해정도가 심각하여 돌이킬 수 없는 지경에 이르렀으므로 피고소인을 정보통신망 이용촉진 및 정보보호 등에 관한 법률 제70조 제2항 사이버명예훼손죄로 처벌을 하기 위하여 이 사건 고소에 이른 것입니다.

6. 증거자료

□ 고소인은 고소인의 진술 외에 제출할 증거가 없습니다.

■ 고소인은 고소인의 진술 외에 제출할 증거가 있습니다.

☞ 제출할 증거의 세부내역은 별지를 작성하여 첨부합니다.

7. 관련사건의 수사 및 재판여부

① 중복 고소여부	본 고소장과 같은 내용의 고소장을 다른 검찰청 또는 경찰서에 제출하거나 제출하였던 사실이 있습니다 □ / 없습니다 ■
② 관련 형사사건 수사 유무	본 고소장에 기재된 범죄사실과 관련된 사건 또는 공범에 대하여 검찰청이나 경찰서에서 수사 중에 있습니다 □ / 수사 중에 있지 않습니다 ■
③ 관련 민사소송 유무	본 고소장에 기재된 범죄사실과 관련된 사건에 대하여 법원에서 민사소송 중에 있습니다 □ / 민사소송 중에 있지 않습니다 ■

8. 기타

본 고소장에 기재한 내용은 고소인이 알고 있는 지식과 경험을 바탕으로 모두 사실대로 작성하였으며, 만일 허위사실을 고소하였을 때에는 형법 제156조 무고죄로 처벌받을 것임을 아울러 서약합니다.

○○○○ 년 ○○ 월 ○○ 일

위 고소인 : ○ ○ ○ (인)

강원도 삼척경찰서장 귀중

별지 : 증거자료 세부 목록

(범죄사실 입증을 위해 제출하려는 증거에 대하여 아래 각 증거 별로 해당 난을 구체적으로 작성해 주시기 바랍니다)

1. 인적증거

성 명	○ ○ ○	주민등록번호	생략	
주 소	강원도 삼척시 ○○로 ○○길 ○○○,		직업	회사원
전 화	(휴대폰) 010 - 8766 - 0000			
입증하려는 내 용	위 ○○○은 피고소인의 범행일체에 대하여 소상히 알고 있으므로 이를 입증하고자 합니다.			

2. 증거서류

순번	증 거	작성자	제출 유무
1	캡처화면	피고소인	■ 접수시 제출 □ 수사 중 제출
2	스크린 샷	고소인	■ 접수시 제출 □ 수사 중 제출
3			□ 접수시 제출 □ 수사 중 제출
4			□ 접수시 제출 □ 수사 중 제출
5			□ 접수시 제출 □ 수사 중 제출

3. 증거물

순번	증 거	소유자	제출 유무
1	캡처화면	고소인	■ 접수시 제출 □ 수사 중 제출
2			□ 접수시 제출 □ 수사 중 제출
3			□ 접수시 제출 □ 수사 중 제출
4			□ 접수시 제출 □ 수사 중 제출
5			□ 접수시 제출 □ 수사 중 제출

4. 기타증거

추후 필요에 따라 제출하겠습니다.

【고소장(3)】 사이버명예훼손죄 아파트 단체 카톡방에 성적 부정함을 암시하여 처벌요구 고소장

고 소 장

고 소 인 : ○ ○ ○

피 고소 인 : ○ ○ ○

전라남도 여수경찰서장 귀중

고 소 장

1. 고소인

성　　명	○ ○ ○		주민등록번호	생략
주　　소	전라남도 여수시 ○○로 ○○길 ○○, ○○○호			
직　　업	주부	사무실 주　소	생략	
전　　화	(휴대폰) 010 - 0123 - 0000			
대리인에 의한 고　　소	□ 법정대리인 (성명 :　　,　　연락처　　) □ 고소대리인 (성명 : 변호사,　연락처　　)			

2. 피고소인

성　　명	○ ○ ○		주민등록번호	생략
주　　소	전라남도 여수시 ○○로 ○○, ○○○-○○○호			
직　　업	상업	사무실 주　소	생략	
전　　화	(휴대폰) 010 - 6544 - 0000			
기타사항	고소인과의 관계 - 친·인척관계 없습니다.			

3. 고소취지

고소인은 피고소인을 정보통신망 이용촉진 및 정보보호 등에 관한 법률 제70조 제2항 거짓을 드러낸 명예훼손죄로 고소하오니 철저히 수사하여 법에 준엄함을 깨달을 수 있도록 엄벌에 처하여 주시기 바랍니다.

4. 범죄사실

(1) 적용법조

① 정보통신망 이용촉진 및 정보보호 등에 관한 법률 제70조 제2항 명예훼손죄

사람을 비방할 목적으로 정보통신망을 통하여 공공연하게 거짓(허위사실유포)의 사실을 드러내어 다른 사람의 명예를 훼손한 자는 7년 이하의 징역, 10년 이하의 자격정지 또는 5,000만 원 이하의 벌금에 처한다.

(2) 이 사건의 경위

가, 고소인은 주소지에서 거주하면서 주부이고, 피고소인은 고소인의 전 남편이었던 사람입니다.

나, 고소인은 피고소인이 ○○○○. ○○. ○○. 전라남도 순천시 ○○로길 ○○○, 소재에서 미장원을 운영하는 고소 ○○○과 부정한 관계가 발각되어 고소인이 피고소인을 상대로 이혼 및 위자료청구소송을 제기하였습니다.

다, 피고소인은 이에 앙심을 품고 고소인을 비방할 목적으로 현재 고소인이 거주하는 아파트 단지 내 전체주민들이 주 멤버가 되어 운영하고 있는 단체 카 톡 대화방에서 ○○○○. ○○. ○○. ○○:○○ 고소인의 이름을 거론하면서 고소인이 '전라남도 순천시내 모처에 있는 단란주점에서 일을 하면서 돈 많은 사람의 애첩' 으로 살았다는 글을 올렸습니다.

라, 피고소인은 같은 ○○:○○ '이러한 여자가 무슨 부녀회에서 간부로 일을 한다는 것은 이해가 가지 않는다고' 올렸습니다.

(3) 공연성

가, 위 ○○아파트 단체 카 톡 대화방은 ○○아파트 전체주민들이 이용하는 단체 카톡 대화방으로서 1일평균 방문하는 멤버들 또한 ○○○○명이 넘고 전체 입주민의 정보와 경험을 공유하고, 무료 교육프로그램을 통하여 상호 간의 의사를 개진하고 주민들의 편의를 도모하자는 취지로 개설된 단체 카 톡 대화방으로서 위 아파트 전체 주민이면 모두가 볼 수 있으므로 공연성이 성립됩니다.

(4) 특정성

가, 피해자의 특정

고소인은 위 ○○아파트의 부녀회에서 임원으로 전체 입주민을 위하여 봉사하고 있고 특히 피고소인이 고소인은 몇 동 몇 호에 살고 부녀회의 임원으로 이름을 밝혀 고소인이 몇 호에 살고 무엇을 하고 있는 누구인지 알 수 있는 상태였기에 익명성이 보장된 단체 카 톡 대화방이라 하더라도 공간으로서 피해자인 고소인 본인이 충분히 특정 지어진 상태입니다.

(5) 거짓을 드러내어(허위의 사실적시)

가, 피고소인은 위 ○○아파트 전체 주민들의 편의를 위하여 개설된 단체 카 톡 대화방에서 고소인을 성적으로 문란한 사람으로 몰아가기 위해서 존재하지 않는 남자관계 등을 마치 있었던 일처럼 게재하거나 유포하고, 단체 카 톡 대화방에 게재한 것은 해당 적시내용이 거짓이라고 판단하는 데에는 어려움이 없으므로 정보통신망 이용촉진 및 정보보호 등에 관한 법률 제70조 제2항 거짓을 드러낸 사이버명예훼손죄가 성립합니다.

나, 피고소인의 적시 내용은 '거짓을 드러낸 적시' 뿐만 아니라 적시된 그 거짓을 드러낸 사실이 고소인의 명예를 훼손할 수 있을 만한 내용이므로 이는 거짓을 드러낸 사이버명예훼손죄가 성립합니다.

다, 피고소인이 위 카 톡 대화방을 통하여 고소인이 순천에서 술집에서 종업원으로 일했다거나 애첩이라는 표현을 사용했다면 우리 사회의 일반 관념상 부도덕한 성적 관계를 암시하는 단어이므로 고소인이 부첩관계에 해당한다고 볼 만한 직접적인 증거가 없는 상황에서 피고소인이 위와 같은 발언을 반복하는 것은 (1)그 발언의 경위나 횟수, (2)그 표현의 구체적 방식과 정도 및 맥락, (3)피고소인이 의사를 전달하기 위하여 반드시 위와 같은 어휘를 선택할 필요성이 없는 점 등을 고려해 볼 때 정당한 비판의 범위를 크게 벗어나 고소인의 부정한 성적 관계를 암시함으로써 사회적 가치 내지 평가를 저하시키는 '거짓을 드러낸 적시' 라고 할 것이므로 정보통신망 이용촉진 및 정보보호 등에 관한 법률 제70조 제2항 거짓을 드러낸 사이버명예훼손죄가 성립합니다.

(6) 비방할 목적

가, 피고소인은 고소인과 결혼하여 혼인생활까지 하던 중 자신의 부정행위로 인하여 고소인이 이혼 및 위자료청구소송을 제기한데 대하여 앙심을 품고 고소인을 사람을 비방할 목적을 가지고 위 ○○아파트 단체 카톡 대화방을 통하여 거짓을 드러낸 것이므로 비방할 목적을 가지고 있었습니다.

나, 특히 사람을 비방할 목적은 목적범의 법리적 특성을 고려할 때 '명예훼손의 고의' 와는 분명 다르게 해석해야 하며, 이러한 해석에 의할 때 사람을 비방할 목적은 '명예훼손의 고소인을 불이익하게 할 일체의 목적' 으로 이해할 수 있으므로 피고소인의 위와 같은 표현은 주관적 의도의 방향에 있어 공공의 이익을 위한 것과 서로 상반되므로 비방할 목적이 인정됩니다.

(7) 결론

이상과 같이 고소인은 피고소인을 정보통신망 이용촉진 및 정보보호 등에 관한 법률 제70조 제2항 명예훼손죄로 고소하오니 엄벌에 처하여 주시기 바랍니다.

5. 증거자료

□ 고소인은 고소인의 진술 외에 제출할 증거가 없습니다.

■ 고소인은 고소인의 진술 외에 제출할 증거가 있습니다.

☞ 제출할 증거의 세부내역은 별지를 작성하여 첨부합니다.

6.관련사건의 수사 및 재판여부

① 중복 고소여부	본 고소장과 같은 내용의 고소장을 다른 검찰청 또는 경찰서에 제출하거나 제출하였던 사실이 있습니다 □ / 없습니다 ■
② 관련 형사사건 수사 유무	본 고소장에 기재된 범죄사실과 관련된 사건 또는 공범에 대하여 검찰청이나 경찰서에서 수사 중에 있습니다 □ / 수사 중에 있지 않습니다 ■
③ 관련 민사소송 유무	본 고소장에 기재된 범죄사실과 관련된 사건에 대하여 법원에서 민사소송 중에 있습니다 □ / 민사소송 중에 있지 않습니다 ■

7.기타

본 고소장에 기재한 내용은 고소인이 알고 있는 지식과 경험을 바탕으로 모두 사실대로 작성하였으며, 만일 허위사실을 고소하였을 때에는 형법 제156조 무고죄로 처벌받을 것임을 아울러 서약합니다.

○○○○ 년 ○○ 월 ○○ 일

위 고소인 : ○ ○ ○ (인)

전라남도 여수경찰서장 귀중

별지 : 증거자료 세부 목록

(범죄사실 입증을 위해 제출하려는 증거에 대하여 아래 각 증거 별로 해당 난을 구체적으로 작성해 주시기 바랍니다)

1. 인적증거

성 명	○ ○ ○	주민등록번호	생략	
주 소	전라남도 여수시 ○○로 ○○길 ○○○,		직업	상업
전 화	(휴대폰) 010 - 7745 - 0000			
입증하려는 내 용	위 ○○○은 피고소인의 범행일체에 대하여 소상히 알고 있으므로 이를 입증하고자 합니다.			

2. 증거서류

순번	증 거	작성자	제출 유무
1	캡처화면	피고소인	■ 접수시 제출 □ 수사 중 제출
2	진술서	고소인	■ 접수시 제출 □ 수사 중 제출
3			□ 접수시 제출 □ 수사 중 제출
4			□ 접수시 제출 □ 수사 중 제출
5			□ 접수시 제출 □ 수사 중 제출

3. 증거물

순번	증 거	소유자	제출 유무
1	캡처화면	고소인	■ 접수시 제출 □ 수사 중 제출
2			□ 접수시 제출 □ 수사 중 제출
3			□ 접수시 제출 □ 수사 중 제출
4			□ 접수시 제출 □ 수사 중 제출
5			□ 접수시 제출 □ 수사 중 제출

4. 기타증거

추후 필요에 따라 제출하겠습니다.

고 소 장

고 소 인 : ○ ○ ○

피 고소 인 : ○ ○ ○

대전시 유성경찰서장 귀중

고 소 장

1. 고소인

성 명	○ ○ ○		주민등록번호	생략
주 소	대전시 유성구 ○○로 ○길 ○○, ○○○-○○○○호			
직 업	사업	사무실 주 소	생략	
전 화	(휴대폰) 010 - 7712 - 0000			
대리인에 의한 고 소	□ 법정대리인 (성명 : , 연락처) □ 고소대리인 (성명 : 변호사, 연락처)			

2. 피고소인

성 명	○ ○ ○		주민등록번호	생략
주 소	대전시 유성구 북유성대로 ○○, ○○○호			
직 업	건설업	사무실 주 소	생략	
전 화	(휴대폰) 010 - 6544 - 0000			
기타사항	고소인과의 관계 - 친 · 인척관계 없습니다.			

3. 고소취지

고소인은 피고소인을 정보통신망 이용촉진 및 정보보호 등에 관한 법률 제70조 제2항 사이버명예훼손죄로 고소하오니 철저히 수사하여 법에 준엄함을 깨달을 수 있도록 엄벌에 처하여 주시기 바랍니다.

4. 범죄사실

(1) 적용법조

① 정보통신망 이용촉진 및 정보보호 등에 관한 법률 제70조 제2항 명예훼손죄

사람을 비방할 목적으로 정보통신망을 통하여 공공연하게 거짓(허위사실유포)의 사실을 드러내어 다른 사람의 명예를 훼손한 자는 7년 이하의 징역, 10년 이하의 자격정지 또는 5,000만 원 이하의 벌금에 처한다.

(2) 이 사건의 경위

가, 고소인은 주소지에서 거주하면서 대전시 유성구 ○○○로 ○○, 소재의 빌라를 소유하고 있고, 피고소인은 위 유성구 ○○로 일대에서 재건축조합을 결성한 조합장입니다.

나, 고소인 등은 위 재건축조합과 관련하여 비상대책위원회를 결성하여 재건축을 반대하는 조합원이 약 70여명이 모여 서로 정보를 공유하기 위해 홈페이지를 개설해 ○○○○. ○○. ○○.부터 운영하고 있으면서 고소인이 비상대책위원외 회장으로 피선되어 현재까지 봉사하고 있습니다.

다, 우리 비상대책위원회는 ○○○○. ○○. ○○. 임시회의를 개최하여 결의를 받아 조합장 피고소인을 상대로 소송을 제기한데 대하여 앙심을 품고 피고소인이 ○○○○. ○○. ○○. ○○:○○경 위 비상대책위원회가 운영하는 홈페이지 자유게시판에 접속하여 고소인이 모 건설회사로부터 거액의 로비자금을 교부받

아 자신의 구복을 채우려는 수법으로 소송을 제기한 것이다. 머지않아 밝혀질 것이고 고소인은 구속될 것이니 조합원들은 이에 동조하지 말라는 취지의 게시 글을 올렸습니다.

(3) 공연성

가, 위 비상대책위원회에서 운영하는 홈페이지는 위 재건축조합의 사업을 반대하는 주민들이 정보를 공유하기 위해 이용하는 홈페이지로서 1일평균 방문하는 조합원 또한 ○○○명이 넘고 전체 조합원의 정보를 공유하고, 재건축교육프로그램을 통하여 상호 간의 의사를 개진하고 주민들의 편의를 도모하려는 취지로 운영하는 홈페이지로서 위 조합원 모두가 볼 수 있는 상태이므로 공연성이 성립됩니다.

(4) 특정성

가, 피해자의 특정

고소인은 위 비상대책위원회에서 회장으로 전체 조합원을 위하여 봉사하고 있고 특히 피고소인은 위 홈페이지 자유게시판의 게시 글을 본 조합원이라면 고소인이 비상대책위원회 회장이라는 사실을 알 수 있는 상태였기에 익명성이 보장된 홈페이지라 하더라도 인터넷 공간으로서 피해자인 고소인 본인이 충분히 특정 지어진 상태입니다.

(5) 거짓을 드러내어(허위의 사실적시)

가, 피고소인은 위 비상대책위원회 홈페이지 자유게시판에서 고소인을 사기꾼으로 몰아가기 위해서 존재하지 않는 모 건설회사로부터 로비자금을 교부받아 개인적으로 구복을 채무기 위하여 의도적으로 소송을 제기한 것이고 고소인이 머지않아 구속될 것이므로 더 이상 조합원들은 속지 말라고 게재한 해당 적시내용이 거짓이라고 판단하는 데에는 어려움이 없으므로 정보통신망 이용촉진 및 정보보호 등에 관한 법률 제70조 제2항 거짓을 드러낸 사이버명예훼손죄가 성립합니다.

나, 피고소인의 위 적시 내용은 '거짓을 드러낸 적시' 뿐만 아니라 적시된 그 거짓을 드러낸 사실은 고소인의 명예를 훼손할 수 있을 만한 내용이므로 사이버명예훼손죄가 성립합니다.

다, 피고소인이 위 비상대책위원회 홈페이지 자유게시판에 게시한 글은 고소인이 모 건설회사로부터 로비자금을 받아 개인적으로 구복을 채우려고 소송을 제기한 것이다. 머지않아 구속될 것이니 이에 동조하지 말라는 표현을 사용했다면 우리 사회의 일반 관념상 부도덕한 범죄 관계를 암시하는 단어이므로 고소인이 범행관계에 해당한다고 볼 만한 직접적인 증거가 없는 상황에서 피고소인이 위와 같은 발언을 반복하는 것은 (1)그 발언의 경위나 횟수, (2)그 표현의 구체적 방식과 정도 및 맥락, (3)피고소인이 의사를 전달하기 위하여 반드시 위와 같은 어휘를 선택할 필요성이 없는 점 등을 고려해 볼 때 정당한 비판의 범위를 크게 벗어나 고소인의 부정한 범죄관계를 암시함으로써 사회적 가치 내지 평가를 저하시키는 '거짓을 드러낸 적시' 라고 할 것이므로 정보통신망 이용촉진 및 정보보호 등에 관한 법률 제70조 제2항 거짓을 드러낸 사이버명예훼손죄가 성립합니다.

(6) 비방할 목적

가, 피고소인은 고소인이 조합원들의 이익을 보호하기 위하여 소송을 제기한데 대하여 앙심을 품고 고소인을 비방할 목적을 가지고 위 비상대책위원회 홈페이지 자유게시판을 통하여 거짓을 드러낸 것이므로 비방할 목적이 인정됩니다.

나, 사람을 비방할 목적은 목적범의 법리적 특성을 고려할 때 '명예훼손의 고의' 와는 분명 다르게 해석해야 하며, 이러한 해석에 의할 때 사람을 비방할 목적은 '명예훼손의 고소인을 불이익하게 할 일체의 목적' 으로 이해할 수 있으므로 피고소인의 위와 같은 표현은 주관적 의도의 방향에 있어 공공의 이익을 위한 것과 서로 상반되므로 비방할 목적이 인정됩니다.

(7) 결론

이상과 같이 고소인은 피고소인을 정보통신망 이용촉진 및 정보보호 등에 관한 법률 제70조 제2항 명예훼손죄로 고소하오니 피고소인을 엄벌에 처하여 주시기 바랍니다.

5. 증거자료

□ 고소인은 고소인의 진술 외에 제출할 증거가 없습니다.

■ 고소인은 고소인의 진술 외에 제출할 증거가 있습니다.

☞ 제출할 증거의 세부내역은 별지를 작성하여 첨부합니다.

6. 관련사건의 수사 및 재판여부

① 중복 고소여부	본 고소장과 같은 내용의 고소장을 다른 검찰청 또는 경찰서에 제출하거나 제출하였던 사실이 있습니다 □ / 없습니다 ■
② 관련 형사사건 수사 유무	본 고소장에 기재된 범죄사실과 관련된 사건 또는 공범에 대하여 검찰청이나 경찰서에서 수사 중에 있습니다 □ / 수사 중에 있지 않습니다 ■
③ 관련 민사소송 유무	본 고소장에 기재된 범죄사실과 관련된 사건에 대하여 법원에서 민사소송 중에 있습니다 □ / 민사소송 중에 있지 않습니다 ■

7. 기타

본 고소장에 기재한 내용은 고소인이 알고 있는 지식과 경험을 바탕으로 모두 사실대로 작성하였으며, 만일 허위사실을 고소하였을 때에는 형법 제156조 무고죄로 처벌받을 것임을 아울러 서약합니다.

○○○○ 년 ○○ 월 ○○ 일

위 고소인 : ○ ○ ○ (인)

대전시 유성경찰서장 귀중

별지 : 증거자료 세부 목록

(범죄사실 입증을 위해 제출하려는 증거에 대하여 아래 각 증거 별로 해당 난을 구체적으로 작성해 주시기 바랍니다)

1. 인적증거

성 명	○ ○ ○	주민등록번호	생략
주 소	대전시 유성구 ○○로 ○○길 ○○○,	직업	상업
전 화	(휴대폰) 010 - 4453 - 0000		
입증하려는 내 용	위 ○○○은 피고소인의 범행일체에 대하여 소상히 알고 있으므로 이를 입증하고자 합니다.		

2. 증거서류

순번	증 거	작성자	제출 유무
1	캡처화면	피고소인	■ 접수시 제출 □ 수사 중 제출
2	진술서	고소인	■ 접수시 제출 □ 수사 중 제출
3			□ 집수시 제출 □ 수사 중 제출
4			□ 접수시 제출 □ 수사 중 제출
5			□ 접수시 제출 □ 수사 중 제출

3. 증거물

순번	증 거	소유자	제출 유무
1	캡처화면	고소인	■ 접수시 제출 □ 수사 중 제출
2			□ 접수시 제출 □ 수사 중 제출
3			□ 접수시 제출 □ 수사 중 제출
4			□ 접수시 제출 □ 수사 중 제출
5			□ 접수시 제출 □ 수사 중 제출

4. 기타증거

추후 필요에 따라 제출하겠습니다.

고　　　　소　　　　장

고 소 인 : ○　　○　　○

피 고소 인 : ○　　○　　○

인천지방검찰청 부천지청 귀중

고 소 장

1. 고소인

성 명	○ ○ ○		주민등록번호	생략
주 소	부천시 원미구 ○○로 ○길 ○○, ○○○-○○○○호			
직 업	사업	사무실 주 소	생략	
전 화	(휴대폰) 010 - 2789 - 0000			
대리인에 의한 고 소	□ 법정대리인 (성명 : , 연락처) □ 고소대리인 (성명 : 변호사, 연락처)			

2. 피고소인

성 명	minjin2323		주민등록번호	무지
주 소	무지			
직 업	무지	사무실 주 소	무지	
전 화	(휴대폰) 010 - 3323 - 0000			
기타사항	고소인과의 관계 - 친 · 인척관계 없습니다.			

3. 고소취지

고소인은 피고소인을 정보통신망 이용촉진 및 정보보호 등에 관한 법률 제70조 제2항 사이버명예훼손죄로 고소하오니 철저히 수사하여 법에 준엄함을 깨달을 수 있도록 엄벌에 처하여 주시기 바랍니다.

4. 범죄사실

(1) 적용법조

① 정보통신망 이용촉진 및 정보보호 등에 관한 법률 제70조 제2항 명예훼손죄

사람을 비방할 목적으로 정보통신망을 통하여 공공연하게 거짓(허위사실유포)의 사실을 드러내어 다른 사람의 명예를 훼손한 자는 7년 이하의 징역, 10년 이하의 자격정지 또는 5,000만 원 이하의 벌금에 처한다.

(2) 이 사건의 경위

가, 고소인은 주소지에서 거주하면서 해외구매대행 인터넷 쇼핑몰의 인스타그램(ios, 안도로이드, 윈도우10, 그리고 웹에서 서비스되고 있는 이미지 공유 위주의 SNS를 말합니다)을 운용하고 있습니다.

나, 피고소인은 ○○○○. ○○. ○○. ○○:○○경 고소인이 운영하는 해외구매대행 인터넷 쇼핑몰의 인스타그램에 여러 아이디로 접속해 고소인을 비방하는 댓글을 달았습니다.

다, 피고소인은 고소인이 (1)결혼 전 다른 사람과 동거를 했다거나 (2)원조교제를 했다. (3)유흥업소 등에서 몸도 팔았다는 등의 거짓을 드러내어 고소인의 명예를 훼손하였습니다.

(3) 공연성

가, 위 고소인이 운영하는 해외구매대행 인터넷 쇼핑몰의 인스타그램은 제품판매광고를 통하여 제품정보를 공유하고 있기 때문에 1일평균 방문하는 고객만 해도 ○○○명이 넘고 전체 고객을 위하여 다양한 정보를 제공하는 등 고액들의 편의를 도모하려는 취지로 운영하고 있으므로 고소인이 운영하는 인스타그램(instagram)에 방문하는 고객은 모두가 볼 수 있는 상태이므로 공연성이 성립됩니다.

나, 피고소인은 '불특정 다수인이 접속해 열람할 수 있는 인터넷 페이지를 통해 공연히 허위사실을 게시' 하였으므로 공연성이 인정되고 전파가능성이 있습니다.

(4) 피해자의 특정

가, 고소인이 운영하는 해외구매대행 인터넷 쇼핑몰의 인스타그램은 제품판매광고를 통하여 제품정보를 공유하고 있기 때문에 피고소인이 거짓을 드러내어 게시한 글을 본 고객이라면 고소인이라는 사실을 알 수 있는 상태였기에 익명성이 보장된 인스타그램이라 하더라도 인터넷 공간으로서 피해자인 고소인 본인이 충분히 특정 지어진 상태입니다.

나, 그러므로 피해자가 고소인이라는 사실을 특정되었다 할 것입니다.

(5) 거짓을 드러내어

가, 피고소인은 위 고소인이 운영하는 인스타그램에 여러 개의 아이디(ID)를 사용하여 고소인을 부도덕한 성적 관계가 문란한 사람으로 몰아가기 위해서 존재하지 않는 (1)결혼 전 다른 사람과 동거를 했다거나 (2)원조교제를 했다거나, (3)유흥업소 등에서 몸도 팔았다는 등의 거짓을 드러내어 고소인의 명예를 훼손한 것은 해당 적시내용이 거짓이라고 판단하는 데에는 어려움이 없으므로 정보통신망 이용촉진 및 정보보호 등에 관한 법률 제70조 제2항 거짓을 드러낸 사이버명예훼손죄가 성립합니다.

나, 피고소인의 위 적시 내용은 '거짓을 드러낸 적시' 뿐만 아니라 적시된 그 거짓을 드러낸 사실은 고소인의 명예를 훼손할 수 있을 만한 내용이므로 사이버명예훼손죄가 성립합니다.

다, 피고소인이 게재한 글은 우리 사회의 일반 관념상 부도덕한 성적 관계를 암시하는 단어이므로 고소인이 부도덕한 성적 관계에 해당한다고 볼 만한 직접적인 증거가 없는 상황에서 피고소인이 위와 같은 발언을 반복하는 것은 (1)그 발언의 경위나 횟수, (2)그 표현의 구체적 빙식과 정도 및 맥락, (3)피고소인이 의사를 전달하기 위하여 반드시 위와 같은 어휘를 선택할 필요성이 없는 점 등을 고려해 볼 때 정당한 비판의 범위를 크게 벗어나 고소인의 부도덕한 성적 관계를 암시함으로써 사회적 가치 내지 평가를 저하시키는 '거짓을 드러낸 적시' 라고 할 것이므로 정보통신망 이용촉진 및 정보보호 등에 관한 법률 제70조 제2항 거짓을 드러낸 사이버명예훼손죄가 성립합니다.

(6) 비방할 목적

가, 피고소인은 고소인이 운영하는 위 인스타그램에 여러 아이디(ID)를 이용하여 위와 같은 글을 의도적으로 게재한 것은 유사업종에 종사하는 사람이거나 시기할 목적이나 고소인을 비방할 목적을 가지고 사회적 파급효과가 상당히 큰 SNS를 이용해 악의적인 댓글을 작성하고 게시한 것이므로 비방할 목적이 있었습니다.

나, 피고소인은 여러 개의 아이디(ID)를 이용해 의도적으로 고소인의 영업과 관련하여 사회적으로 그 파급효과가 상당히 큰 고소인의 인스타그램에 접속한 것만 보더라도 비방할 목적이 인정됩니다.

다, 사람을 비방할 목적은 목적범의 법리적 특성을 고려할 때 '명예훼손의 고의' 와는 분명 다르게 해석해야 하며, 이러한 해석에 의할 때 사람을 비방할 목적은 '명예훼손의 고소인을 불이익하게 할 일체의 목적' 으로 이해할 수 있으므로 피고소인의 위와 같은 표현은 주관적 의도의 방향에 있어 공공의 이익을 위한 것과 서로 상반되므로 비방할 목적이 인정됩니다.

(7) 결론

피고소인은 이상과 같이 고소인의 사회적 파급효과가 상당히 큰 SNS를 이용해 악의적인 댓글을 작성하고 게시해 명예를 훼손하였으므로 정보통신망 이용촉진 및 정보보호 등에 관한 법률 제70조 제2항 명예훼손죄로 고소하오니 피고소인을 엄벌에 처하여 주시기 바랍니다.

5.증거자료

□ 고소인은 고소인의 진술 외에 제출할 증거가 없습니다.

■ 고소인은 고소인의 진술 외에 제출할 증거가 있습니다.

☞ 제출할 증거의 세부내역은 별지를 작성하여 첨부합니다.

6.관련사건의 수사 및 재판여부

① 중복 고소여부	본 고소장과 같은 내용의 고소장을 다른 검찰청 또는 경찰서에 제출하거나 제출하였던 사실이 있습니다 □ / 없습니다 ■
② 관련 형사사건 수사 유무	본 고소장에 기재된 범죄사실과 관련된 사건 또는 공범에 대하여 검찰청이나 경찰서에서 수사 중에 있습니다 □ / 수사 중에 있지 않습니다 ■
③ 관련 민사소송 유무	본 고소장에 기재된 범죄사실과 관련된 사건에 대하여 법원에서 민사소송 중에 있습니다 □ / 민사소송 중에 있지 않습니다 ■

7.기타

본 고소장에 기재한 내용은 고소인이 알고 있는 지식과 경험을 바탕으로 모두 사실대로 작성하였으며, 만일 허위사실을 고소하였을 때에는 형법 제156조 무고죄로 처벌받을 것임을 아울러 서약합니다.

○○○○ 년 ○○ 월 ○○ 일

위 고소인 : ○ ○ ○ (인)

인천지방검찰청 부천지청 귀중

별지 : 증거자료 세부 목록

(범죄사실 입증을 위해 제출하려는 증거에 대하여 아래 각 증거 별로 해당 난을 구체적으로 작성해 주시기 바랍니다)

1. 인적증거

성 명	○ ○ ○	주민등록번호	생략	
주 소	부천시 소사구 ○○로 ○○길 ○○○,		직업	회사원
전 화	(휴대폰) 010 - 2344 - 0000			
입증하려는 내 용	위 ○○○은 피고소인의 범행일체에 대하여 소상히 알고 있으므로 이를 입증하고자 합니다.			

2. 증거서류

순번	증 거	작성자	제출 유무
1	캡처화면	피고소인	■ 접수시 제출 □ 수사 중 제출
2	진술서	고소인	■ 접수시 제출 □ 수사 중 제출
3			□ 접수시 제출 □ 수사 중 제출
4			□ 접수시 제출 □ 수사 중 제출
5			□ 접수시 제출 □ 수사 중 제출

3. 증거물

순번	증 거	소유자	제출 유무
1	캡처화면	고소인	■ 접수시 제출 □ 수사 중 제출
2			□ 접수시 제출 □ 수사 중 제출
3			□ 접수시 제출 □ 수사 중 제출
4			□ 접수시 제출 □ 수사 중 제출
5			□ 접수시 제출 □ 수사 중 제출

4. 기타증거

추후 필요에 따라 제출하겠습니다.

【고소장(6)】 사이버명예훼손죄 인터넷 카페 자유게시판에 허위사실적시 처벌을 요구하는 고소장

고　　　소　　　장

고 소 인 : ○　○　○

피 고소 인 : ○　○　○

강원도 강릉경찰서장 귀중

고 소 장

1. 고소인

성 명	○ ○ ○		주민등록번호	생략
주 소	강원도 원주시 ○○로 ○○길 ○○, ○○○호			
직 업	회사원	사무실 주 소	생략	
전 화	(휴대폰) 010 - 8878 - 0000			
대리인에 의한 고 소	□ 법정대리인 (성명 : , 연락처) □ 고소대리인 (성명 : 변호사, 연락처)			

2. 피고소인

성 명	○ ○ ○		주민등록번호	생략
주 소	강원도 강릉시 ○○로 ○○길 ○○, ○○○호			
직 업	회사원	사무실 주 소	생략	
전 화	(휴대폰) 010 - 8878 - 0000			
기타사항	고소인과의 관계 - 친·인척관계 없습니다.			

3. 고소취지

고소인은 피고소인을 정보통신망 이용촉진 및 정보보호 등에 관한 법률 제70조 제2항(명예훼손) 혐의로 고소하오니 철저히 수사하여 법에 준엄함을 깨달을 수 있도록 엄벌에 처하여 주시기 바랍니다.

4. 범죄사실

(1) 적용법조

① 정보통신망 이용촉진 및 정보보호 등에 관한 법률 제70조(명예훼손) 제2항

사람을 비방할 목적으로 정보통신망을 통하여 공공연하게 거짓(허위사실유포)의 사실을 드러내어 다른 사람의 명예를 훼손한 자는 7년 이하의 징역, 10년 이하의 자격정지 또는 5,000만 원 이하의 벌금에 처한다.

(2) 이 사건의 경위

1. 고소인은 ○○○○. ○○. ○○.포털사이트 네이트 자유게시판에 고소인의 사진 및 개인적으로 운영하는 주소가 노출된 '○○○'의 글을 올린 사실이 있는데 이 글은 관리자에 의하여 네이트 메인페이지에 노출되었고 그 조회 수는 ○○,○○○건에 달하는 기록을 세우는 등 네티즌들로부터 주목을 받게 된 가운데 피고소인이 악의적인 의도로 악성 댓글을 달고 게시물을 여러 차례에 올려 고소인의 명예를 심각하게 훼손시킨 사실이 있습니다.

2. 피고소인은 ○○○○. ○○. ○○. 14:50경 '○○○○' 라는 닉네임으로 고소인의 글에 ◎◎◎이라는 내용이 포함된 댓글을 올렸고,

3. ○○○○. ○○. ○○. 17:20경에는 같은 닉네임으로 "□□□" 이라는 내용이 포함된 댓글을 올린데 이어 확인되지 않은 각종 허위사실과 욕설을 악의적 의도로 반복하여 게시함으로서 고소인의 명예를 심각하게 훼손시킨 사실이 있습니다.

4. 피고소인은 고소인이 운영하고 있는 ○○○의 홈페이지에 찾아와 고소인이 다른 곳에 접속하여 의견을 교환한 사실이 전혀 없음에도 불구하고 말이 다르다는 내용으로 계속해서 고소인의 게시물에 악성 댓글 및 게시물을 여러 차례에 올린 사실도 있습니다.

5. 피고소인의 위 악성 댓글 및 게시물은 수많은 네티즌들에게 그대로 노출되어 논란이 되거나 또 다른 악성 댓글을 유도하는 결과를 초래하기도 하였습니다.

6. 고소인은 피고소인에게 잘못된 악성 댓글과 게시물을 즉시 삭제하고 고소인에게 정중한 사과를 하라고 요구하였으나 피고소인은 위 댓글이나 게시물을 즉시 삭제하지 않고 도리어 다른 사람이 올린 글을 인용한 것에 불과하다며 삭제를 거부하고 있습니다.

7. 이에 고소인이 피고소인에게 가차 없이 형사고소를 하겠다고 하자 피고소인은 현재 자신이 올린 악성 댓글과 게시물을 삭제하거나 내용을 일부 수정한 상태에 있으나 이미 고소인으로서는 이로 인한 피해 정도가 심각하여 돌이킬 수 없는 지경에 이르렀으므로 피고소인을 명예훼손죄로 고소에 이른 것입니다.

(3) 피고소인의 고의

가, 피고소인은 고소인이 운영하고 있는 홈페이지로 찾아와 고소인이 다른 곳에 접속하여 의견을 교환한 사실이 전혀 없었음에도 불구하고 말이 다르다는 내용으로 계속해서 고소인의 게시물에 악성 댓글 및 게시물을 여러 차례에 반복해 올린 사실도 있습니다.

나, 피고소인의 위 악성 댓글 및 게시물은 수많은 네티즌들에게 그대로 노출하였습니다.

다, 고소인은 피고소인에게 잘못된 악성 댓글과 게시물을 즉시 삭제하고 고소인에게 정중한 사과를 요구하였으나 피고소인은 위 댓글이나 게시물을 즉시 삭제하지 않았습니다.

라, 도리어 다른 사람이 올린 글을 인용한 것에 불과하다며 삭제를 거부하는 것만 보더라도 피고소인은 의도적으로 고소인의 명예를 훼손하려는 고의가 있었음이 명백한 이상 고의성이 인정됩니다.

5. 고소이유

이미 고소인으로서는 이로 인한 피해 정도가 심각하여 돌이킬 수 없는 지경에 이르렀으므로 피고소인을 정보통신망 이용촉진 및 정보보호 등에 관한 법률 제70조 제2항 명예훼손죄로 처벌을 하기 위하여 이 사건 고소에 이른 것입니다.

6. 범죄의 성립근거

가, 피해자의 특정

고소인은 ○○○○. ○○. ○○.포털사이트 네이트 자유게시판에 고소인의 사진 및 개인적으로 운영하는 주소가 노출된 '○○○' 의 글을 올린 사실이 있는데 고소인이 어디에서 무엇을 하고 있는 누구인지 알 수 있는 상태였기에 익명성이 보장된 인터넷 공간으로서 피해자인 고소인 본인이 충분히 특정 지어진 상태입니다.
한편, 누구나 고소인을 비방하는 사실을 쉽게 알아차릴 수 있었기 때문에 피해자가 특정된다고 볼 수 있습니다.

나, 공연성

○○○○. ○○. ○○.포털사이트 네이트 자유게시판에 고소인의 사진 및 개인적으로 운영하는 주소가 노출된 '○○○' 의 글을 올린 사실이 있었고, 이 글은 관리자에 의하여 네이트 메인페이지에 노출되었고 그 조회 수는 ○○,○○○건에 달하는 기록을 세우는 등 네티즌들로부터 주목을 받게 된 가운데 피고소인이 악의적인 의도로 악성 댓글을 달고 게시물을 여러 차례에 올렸고 모두가 볼 수 있으므로 공연성이 성립됩니다.

5. 증거자료

□ 고소인은 고소인의 진술 외에 제출할 증거가 없습니다.

■ 고소인은 고소인의 진술 외에 제출할 증거가 있습니다.

☞ 제출할 증거의 세부내역은 별지를 작성하여 첨부합니다.

6. 관련사건의 수사 및 재판여부

① 중복 고소여부	본 고소장과 같은 내용의 고소장을 다른 검찰청 또는 경찰서에 제출하거나 제출하였던 사실이 있습니다 □ / 없습니다 ■
② 관련 형사사건 수사 유무	본 고소장에 기재된 범죄사실과 관련된 사건 또는 공범에 대하여 검찰청이나 경찰서에서 수사 중에 있습니다 □ / 수사 중에 있지 않습니다 ■
③ 관련 민사소송 유무	본 고소장에 기재된 범죄사실과 관련된 사건에 대하여 법원에서 민사소송 중에 있습니다 □ / 민사소송 중에 있지 않습니다 ■

7. 기타

본 고소장에 기재한 내용은 고소인이 알고 있는 지식과 경험을 바탕으로 모두 사실대로 작성하였으며, 만일 허위사실을 고소하였을 때에는 형법 제156조 무고죄로 처벌받을 것임을 아울러 서약합니다.

○○○○ 년 ○○ 월 ○○ 일

위 고소인 : ○ ○ ○ (인)

강원도 강릉경찰서장 귀중

별지 : 증거자료 세부 목록

(범죄사실 입증을 위해 제출하려는 증거에 대하여 아래 각 증거별로 해당 난을 구체적으로 작성해 주시기 바랍니다)

1. 인적증거

성 명	○ ○ ○	주민등록번호	생략	
주 소	강원도 원주시 ○○로 ○○길 ○○○,		직업	회사원
전 화	(휴대폰) 010 - 1234 - 0000			
입증하려는 내 용	위 ○○○은 피고소인의 범행일체에 대하여 소상히 알고 있으므로 이를 입증하고자 합니다.			

2. 증거서류

순번	증 거	작성자	제출 유무
1	캡처화면	피고소인	■ 접수시 제출 □ 수사 중 제출
2	스크린 샷	고소인	■ 접수시 제출 □ 수사 중 제출
3			□ 접수시 제출 □ 수사 중 제출
4			□ 접수시 제출 □ 수사 중 제출
5			□ 접수시 제출 □ 수사 중 제출

3. 증거물

순번	증 거	소유자	제출 유무
1	캡처화면	고소인	■ 접수시 제출 □ 수사 중 제출
2			□ 접수시 제출 □ 수사 중 제출
3			□ 접수시 제출 □ 수사 중 제출
4			□ 접수시 제출 □ 수사 중 제출
5			□ 접수시 제출 □ 수사 중 제출

4. 기타증거

추후 필요에 따라 제출하겠습니다.

【고소장(7)】 명예훼손죄 회식장소에서 허위사실을 유포하여 강력히 처벌을 요구하는 고소장

고 소 장

고 소 인 : ○ ○ ○

피 고소 인 : ○ ○ ○

경상북도 안동경찰서장 귀중

고 소 장

1. 고소인

<table>
<tr><td>성 명</td><td>○ ○ ○</td><td>주민등록번호</td><td>생략</td></tr>
<tr><td>주 소</td><td colspan="3">경상북도 영주시 ○○로 ○○길 ○○, ○○○호</td></tr>
<tr><td>직 업</td><td>회사원</td><td>사무실
주 소</td><td>생략</td></tr>
<tr><td>전 화</td><td colspan="3">(휴대폰) 010 - 6656 - 0000</td></tr>
<tr><td>대리인에 의한
고 소</td><td colspan="3">□ 법정대리인 (성명 : , 연락처)
□ 고소대리인 (성명 : 변호사, 연락처)</td></tr>
</table>

2. 피고소인

<table>
<tr><td>성 명</td><td>○ ○ ○</td><td>주민등록번호</td><td>생략</td></tr>
<tr><td>주 소</td><td colspan="3">경상북도 안동시 ○○로 ○○길 ○○, ○○○호</td></tr>
<tr><td>직 업</td><td>회사원</td><td>사무실
주 소</td><td>생략</td></tr>
<tr><td>전 화</td><td colspan="3">(휴대폰) 010 - 0321 - 0000</td></tr>
<tr><td>기타사항</td><td colspan="3">고소인과의 관계 - 친·인척관계 없습니다.</td></tr>
</table>

3. 고소취지

고소인은 피고소인을 형법 제307조 제2항 허위사실 적시에 의한 명예훼손혐의로 고소하오니 철저히 수사하여 법에 준엄함을 깨달을 수 있도록 엄벌에 처하여 주시기 바랍니다.

4. 범죄사실

(1) 적용법조

① 형법 제307조 제2항(명예훼손죄)

공연히 허위의 사실을 적시하여 사람의 명예를 훼손한 자는 5년 이하의 징역, 10년 이하의 자격정지 또는 1,000만 원 이하의 벌금에 처한다.

(2) 당사자 관계

가, 고소인은 경상북도 안동시 ○○로 ○○길 ○○, ○○빌딩 주식회사 아름다운강산이라는 회사에 업무과장으로 근무하고 있고, 피고소인은 같은 회사에 관리과 대리로 근무하고 있습니다.

(3) 이 사건의 경위

가, 피고소인은 ○○○○. ○○. ○○. 19:30경 위 회사의 회식자리에서 고소인이 없는 자리에서 여러 사람에게 성적행위 및 사내에 근무하고 있는 여직원 고소 외 ○○○과 부적절한 관계로 바람도 피우고,

나, 성행위가 문란하고 가정이 있는 남자로 바람이 난 사실을 고소인의 부인이 알게 되어 이혼직전에 있다는 헛소문 때문에 회사까지 그만두어야 할 지경에 이르렀습니다.

(4) 고소인의 피해상황

가, 고소인이 보면 피고소인이 아무런 말을 하지 않고 간접적으로 회식에 참석한 같은 회사 사원이 고소인에게 말을 해줘서 알고 있는 상황이지만

나, 고소인은 피고소인의 위와 같은 헛소문 때문에 아랫사람들 특히 여직원 보기 부끄럽고 창피스러워서 회사를 다닐 수 없을 지경에서 도저히 참을 수 없어서 정신과적 치료까지 받고 있습니다.

5. 고소이유

(1) 피고소인에 대한 처벌의 필요성

가, 피고소인은 계속해서 고소인에 대한 험담을 일삼고 있습니다.

나, 이와 같이 피고소인은 전혀 반성하지 아니하고 또 다시 허위사실을 유포하여 고소인의 명예를 훼손하였을 뿐더러 지금도 계속해서 유사한 행위를 계속하고 있으므로 형법 제307조 제2항 허위사실 적시에 의한 명예훼손죄가 명백하므로 기소 쪽으로의 확고한 의지를 가지고 고소인의 진술에 귀 기울여 실체적 진실을 밝히고 피고소인을 엄벌에 처할 수 있게 즉각적이고도 철저한 수사가 필요합니다.

6.범죄의 성립근거

가, 피해자의 특정

피고소인은 회사직원 약 30여명이 회식을 하기 위해 모인 자리에서 고소인을 비방하는 헛소문을 퍼뜨렸기 때문에 피해자인 고소인 본인이 충분히 특정 지어진 상태입니다.

한편, 회식장소에 모인 위 회사의 직원들은 누구나 고소인을 비방하는 사실을 쉽게 알아차릴 수 있었기 때문에 피해자가 특정된다고 볼 수 있습니다.

나, 공연성

피고소인이 고소인을 비방하기 위해 헛소문을 퍼뜨린 것은 회사직원들이 모여 있는 회식장소에서 고소인을 비방한 것이므로 공연성 또한 충족됩니다.

5.증거자료

□ 고소인은 고소인의 진술 외에 제출할 증거가 없습니다.

■ 고소인은 고소인의 진술 외에 제출할 증거가 있습니다.

☞ 제출할 증거의 세부내역은 별지를 작성하여 첨부합니다.

6. 관련사건의 수사 및 재판여부

① 중복 고소여부	본 고소장과 같은 내용의 고소장을 다른 검찰청 또는 경찰서에 제출하거나 제출하였던 사실이 있습니다 □ / 없습니다 ■
② 관련 형사사건 수사 유무	본 고소장에 기재된 범죄사실과 관련된 사건 또는 공범에 대하여 검찰청이나 경찰서에서 수사 중에 있습니다 □ / 수사 중에 있지 않습니다 ■
③ 관련 민사소송 유무	본 고소장에 기재된 범죄사실과 관련된 사건에 대하여 법원에서 민사소송 중에 있습니다 □ / 민사소송 중에 있지 않습니다 ■

7. 기타

본 고소장에 기재한 내용은 고소인이 알고 있는 지식과 경험을 바탕으로 모두 사실대로 작성하였으며, 만일 허위사실을 고소하였을 때에는 형법 제156조 무고죄로 처벌받을 것임을 아울러 서약합니다.

○○○○ 년 ○○ 월 ○○ 일

위 고소인 : ○ ○ ○ (인)

경상북도 안동경찰서장 귀중

별지 : 증거자료 세부 목록

(범죄사실 입증을 위해 제출하려는 증거에 대하여 아래 각 증거별로 해당 난을 구체적으로 작성해 주시기 바랍니다)

1. 인적증거

성 명	○ ○ ○	주민등록번호	생략	
주 소	경상북도 안동시 ○○로 ○○길 ○○○,		직업	회사원
전 화	(휴대폰) 010 - 7707 - 0000			
입증하려는 내 용	위 ○○○은 고소인과 같은 회사의 동료로서 피고소인이 회식장소에서 고소인을 비방하는 것을 듣고 목격하였으므로 이를 입증하고자 합니다.			

2. 증거서류

순번	증 거	작성자	제출 유무
1	진술서	고소인	■ 접수시 제출 □ 수사 중 제출
2	대화내용 녹취록	고소인	■ 접수시 제출 □ 수사 중 제출
3			□ 접수시 제출 □ 수사 중 제출
4			□ 접수시 제출 □ 수사 중 제출
5			□ 접수시 제출 □ 수사 중 제출

3. 증거물

순번	증 거	소유자	제출 유무
1	대화내용 녹취록	고소인	■ 접수시 제출 □ 수사 중 제출
2			□ 접수시 제출 □ 수사 중 제출
3			□ 접수시 제출 □ 수사 중 제출
4			□ 접수시 제출 □ 수사 중 제출
5			□ 접수시 제출 □ 수사 중 제출

4. 기타증거

추후 필요에 따라 제출하겠습니다.

【고소장(8)】 명예훼손죄 불특정 다수인 앞에서 허위(거짓)사실을 적시하여 처벌을 요구하는 고소장

고 소 장

고 소 인 : ○ ○ ○

피 고소 인 : ○ ○ ○

경기도 포천경찰서장 귀중

고 소 장

1. 고소인

성 명	○ ○ ○	주민등록번호	생략
주 소	경기도 포천시 ○○로 ○○길 ○○, ○○○호		
직 업	주부	사무실 주 소	생략
전 화	(휴대폰) 010 - 2423 - 0000		
대리인에 의한 고 소	□ 법정대리인 (성명 : , 연락처) □ 고소대리인 (성명 : 변호사, 연락처)		

2. 피고소인

성 명	○ ○ ○	주민등록번호	생략
주 소	경기도 포천시 ○○로 ○○길 ○○, ○○○호		
직 업	주부	사무실 주 소	생략
전 화	(휴대폰) 010 - 9456 - 0000		
기타사항	고소인과의 관계 - 친·인척관계 없습니다.		

3. 고소취지

고소인은 피고소인을 형법 제307조 제2항 명예훼손죄 등으로 고소하오니 철저히 수사하여 법에 준엄함을 깨달을 수 있도록 엄벌에 처하여 주시기 바랍니다.

4. 범죄사실

(1) 적용법조

① 형법 제307조 제2항(명예훼손죄)

공연히 허위의 사실을 적시하여 사람의 명예를 훼손한 자는 5년 이하의 징역, 10년 이하의 자격정지 또는 1,000만 원 이하의 벌금에 처한다.

(2) 당사자 관계

가, 고소인은 경기도 포천시 ○○로길 ○○, ○○아파트에 거주하는 가정주부이고 부녀회에서 봉사하고 있습니다.

나, 피고소인은 경기도 포천시 ○○로길 ○○, ○○아파트에 거주하는 가정주부이고 부녀회에 같은 소속입니다.

(3) 이 사건의 경위

가, 고소인은 경기도 포천시 ○○로길 ○○, ○○아파트 단지 내 부녀회의 운영규칙에 근거하여 위 아파트 부녀회 운영위원 ○○명 중 ○명의 요구로 부녀회장에게 운영위원회의 소집을 서면으로 3차에 걸쳐 요구하였으나 부녀회장은 운영위원회의를 개최하지 않고 규약에도 없는 확대간부회의를 ○○○○. ○○. ○○. ○○:○○분에 개최함으로서 고소인을 포함한 운영위원들이 운영위원회를 소집하지 않고 확대간부회의를 소집하였느냐고 하면서 다소간의 언쟁이 일자 부녀회장은 폐회를 선언하고 위 운영위원회의가 무산된 사실이 있습니다.

나, 피고소인은 ○○○○. ○○. ○○. ○○:○○경 경기도 포천시 위 ○○아파트 부녀회사무실에서 가, 항의 운영위원회의가 무산되어 위 사무실을 나오면서 위 사무실 앞에서 실은 고소인이 위 부녀회에서 회장으로 일한 사실이 있음에도 불구하고 고소인을 가리켜 “저 여자는 부녀회장도 하지 않은 여자가 부녀회장을 했다고 한다면서 부녀회에 운영기금을 훔치는 바람에 부녀회에서도 쫓겨난 여자라고 고래고래 소리쳐 부녀회 운영위원회의 참석한 ○○명이 듣는 가운데 공연히 허위의 사실을 적시하여 고소인의 명예를 훼손하고,

다, 피고소인은 같은 날 같은 장소에서, 고소인이 백화점에서 옷을 샀는데 몇 달을 입고 돌아다닌 헌옷이 된 옷을 트집을 잡고 백화점에서 사기를 쳐서 옷값을 받아먹은 고등 사기꾼이라고 전항과 같이 공연히 허위사실을 적시하여 고소인의 명예를 훼손하고,

라, 피고소인은 같은 일시 장소에서, 고소인은 우리 ○○아파트 시공업체에게 찾아가 돈을 뜯어내려고 헛소리를 해대고 다니는 여자라고 약 1시간 동안 반복해서 고래고래 소리를 질러 공연히 허위의 사실을 적시하여 고소인의 명예를 훼손하였습니다.

(4) 피고소인의 범행으로 인한 고소인의 피해사항

가, 고소인은 피고소인의 위와 같은 허위사실 적시로 인하여 아파트 주민들 보기 부끄럽고 창피스러워서 이 아파트에 살 수 없을 정도로 명예훼손을 당해 도저히 참을 수 없어서 정신과적 치료까지 받고 있습니다.

나, 고소인은 피고소인의 범행이 후 약을 먹지 않으면 매일 밤이면 잠을 이룰 수 없는 상태에서 심각합니다.

(5) 피고소인에 대한 처벌의 필요성

가, 피고소인은 계속해서 고소인에 대한 험담을 일삼고 있습니다.

나, 이와 같이 피고소인은 전혀 반성하지 아니하고 또 다시 허위사실을 유포하여 고소인의 명예를 훼손하였을 뿐더러 지금도 계속해서 유사한 행위를 계속하고 있으므로 형법 제307조 제2항 허위사실 적시에 의한 명예훼손죄가 명백하므로 기소 쪽으로의 확고한 의지를 가지고 고소인의 진술에 귀 기울여 실체적 진실을 밝히고 피고소인을 엄벌에 처할 수 있게 즉각적이고도 철저한 수사가 필요합니다.

5. 범죄의 성립근거

가, 피해자의 특정

피고소인은 ○○○○. ○○. ○○. ○○:○○경 경기도 포천시 위 ○○아파트 부녀회사무실에서 운영위원회의가 무산되어 위 사무실을 나오면서 위 사무실 앞에서 회의에 참석한 ○○명이 듣는 가운데 공연히 허위의 사실을 적시하여 고소인의 명예를 훼손하였으므로 피해자인 고소인 본인이 충분히 특정 지어진 상태입니다.

나, 공연성

피고소인이 허위사실을 적시한 것은 같은 부녀회 운영위원들이 모두 보고 듣는 곳이어서 공연성 또한 충족됩니다.

6. 증거자료

□ 고소인은 고소인의 진술 외에 제출할 증거가 없습니다.

■ 고소인은 고소인의 진술 외에 제출할 증거가 있습니다.

☞ 제출할 증거의 세부내역은 별지를 작성하여 첨부합니다.

7. 관련사건의 수사 및 재판여부

① 중복 고소여부	본 고소장과 같은 내용의 고소장을 다른 검찰청 또는 경찰서에 제출하거나 제출하였던 사실이 있습니다 □ / 없습니다 ■
② 관련 형사사건 수사 유무	본 고소장에 기재된 범죄사실과 관련된 사건 또는 공범에 대하여 검찰청이나 경찰서에서 수사 중에 있습니다 □ / 수사 중에 있지 않습니다 ■
③ 관련 민사소송 유무	본 고소장에 기재된 범죄사실과 관련된 사건에 대하여 법원에서 민사소송 중에 있습니다 □ / 민사소송 중에 있지 않습니다 ■

8. 기타

본 고소장에 기재한 내용은 고소인이 알고 있는 지식과 경험을 바탕으로 모두 사실대로 작성하였으며, 만일 허위사실을 고소하였을 때에는 형법 제156조 무고죄로 처벌받을 것임을 아울러 서약합니다.

○○○○ 년 ○○ 월 ○○ 일

위 고소인 : ○ ○ ○ (인)

경기도 포천경찰서장 귀중

별지 : 증거자료 세부 목록

(범죄사실 입증을 위해 제출하려는 증거에 대하여 아래 각 증거 별로 해당 난을 구체적으로 작성해 주시기 바랍니다)

1. 인적증거

성 명	○ ○ ○	주민등록번호	생략	
주 소	경기도 포천시 ○○로 ○○길 ○○○,		직업	주부
전 화	(휴대폰) 010 - 8877 - 0000			
입증하려는 내 용	위 ○○○은 고소인과 같은 부녀회회원이면서 피고소인이 고소인에게 허위사실을 적시하는 것을 직접 보고 듣고 목격하였으므로 이를 입증하고자 합니다.			

2. 증거서류

순번	증 거	작성자	제출 유무
1	스크린 샷	고소인	■ 접수시 제출 □ 수사 중 제출
2	진술서	고소인	■ 접수시 제출 □ 수사 중 제출
3			□ 접수시 제출 □ 수사 중 제출
4			□ 접수시 제출 □ 수사 중 제출
5			□ 접수시 제출 □ 수사 중 제출

3. 증거물

순번	증 거	소유자	제출 유무
1	진술서	고소인	■ 접수시 제출 □ 수사 중 제출
2			□ 접수시 제출 □ 수사 중 제출
3			□ 접수시 제출 □ 수사 중 제출
4			□ 접수시 제출 □ 수사 중 제출
5			□ 접수시 제출 □ 수사 중 제출

4. 기타증거

추후 필요에 따라 제출하겠습니다.

【고소장(9)】 명예훼손죄 불특정 다수인이 모인 자리에서 허위사실을 적사하여 처벌요구하는 고소장

고 소 장

고 소 인 : ○ ○ ○

피 고소 인 : ○ ○ ○

전라북도 김제경찰서장 귀중

고 소 장

1. 고소인

성 명	○ ○ ○		주민등록번호	생략
주 소	전라북도 김제시 ○○로 ○○길 ○○, ○○○호			
직 업	상업	사무실 주 소	생략	
전 화	(휴대폰) 010 - 6656 - 0000			
대리인에 의한 고 소	□ 법정대리인 (성명 : , 연락처) □ 고소대리인 (성명 : 변호사, 연락처)			

2. 피고소인

성 명	○ ○ ○		주민등록번호	생략
주 소	전라북도 김제시 ○○로 ○○길 ○○, ○○○호			
직 업	무직	사무실 주 소	생략	
전 화	(휴대폰) 010 - 9876 - 0000			
기타사항	고소인과의 관계 - 친 · 인척관계 없습니다.			

3. 고소취지

고소인은 피고소인을 형법 제307조 제2항 허위사실 적시에 의한 명예훼손혐의로 고소하오니 철저히 수사하여 법에 준엄함을 깨달을 수 있도록 엄벌에 처하여 주시기 바랍니다.

4. 범죄사실

(1) 적용법조

① 형법 제307조 제2항(명예훼손죄)

공연히 허위의 사실을 적시하여 사람의 명예를 훼손한 자는 5년 이하의 징역, 10년 이하의 자격정지 또는 1,000만 원 이하의 벌금에 처한다.

(2) 당사자 관계

가, 고소인은 전라북도 김제시 ○○로 ○○길 ○○, ○○빌딩에 있는 ○○김씨 ○○파 종중의 임원이고 피고소인은 같은 사무업무를 보던 사람입니다.

(3) 이 사건의 경위

가, 피고소인은 고소인이 ○○씨 종중회장으로 있는 총무로 근무하던 자인바, ○○○○. ○○. ○○. 전라북도 김제시 ○○로 ○○, ○○식당에서 개최된 임시총회에서 종원 ○○○ 외 ○○여명이 참석한 자리에서 사실은 고소인이 ○○○○. ○. ○○. ○○인쇄소에서 피고소인으로부터 넘겨받은 돈 2,000만원은 인쇄비용으로 지급해서는 아니 되는 돈이어서 이를 고소인의 개인 예금통장에 입금을 시킨 것이고 고소인이 인쇄소 사장 ○○○에게 커미션을 요구한 사실이 없음에도 불구하고 고소인이 위 일시 장소에서 피고소인의 돈 2,000만원을 탈취하였다는 취지가 기재된 피고소인 작성의 통고서 사본과 고소인이 ○○○

에게 커미션을 주기로 요청한 사실이 있는 것처럼 기재된 ○○○작성의 호소문을 배포한 후 종원들 ○○여명에게 고소인이 인쇄비 잔대금으로 지불하려는 2,000만원을 탈취해갔다,

나, 돈을 탈취하기 전에 ○○○으로부터 커미션을 받으려고 획책하기 위하여 피고소인을 밖으로 나가 있게 하였다는 거짓말을 하여 허위사실을 적시하여 고소인의 명예를 훼손한 사실이 있으므로 피고소인을 명예훼손혐의로 고소하오니 철저히 조사하여 엄벌에 처하여 주시기 바랍니다.

(4) 고소인의 피해상황

가, 고소인은 피고소인의 허위사실 유포로 인하여 참아 종원들의 얼굴을 볼 면목도 없어 종중회장을 중도에 그만두게 되었습니다.

나, 고소인은 피고소인의 위와 같은 헛소문 때문에 종원들 특히 가까운 집안 어른들 보기 부끄럽고 창피스러워서 정신과적 치료까지 받고 있는 실정입니다.

5. 고소이유

가, 고소인이 ○○씨 종중회장으로 선출되어 종중에서 ○○씨 세보를 제작하기로 하고 고소인을 조보편찬위원장으로, 피고소인을 총무로 임명한 사실이 있습니다.

나, 고소인은 김제시 ○○로 ○○, 소재의 ○○인쇄소 ○○○과 ○○씨 세보 3,000부를 0,000만원으로 제작을 의뢰한 후 원자재값이 많이 올랐다며 대금인상을 요구하자 피고소인이 고소인과 상의도 없이 이를 수락하여 ○○인쇄소 ○○○으로부터 2,000

만원의 잔액을 지급해 달라는 청구를 받게 되었고, ○○○○. ○○. ○○. 금 2,000만원이 위 세보제작비용으로 ○○○에게 지급되었습니다.

다, 고소인은 ○○○○. ○○. ○○.위 세보에 대한 교정본을 ○○○으로부터 교부받아 검토하였으나 너무나 많은 오자와 유탈된 것을 발견하고 피고소인에게 교정을 받기 전까지 인쇄비를 지급하지 말라고 지시하였고, ○○인쇄소 ○○○에게 돈을 더 이상 지급하지 않겠다며 인쇄를 중단하라고 전했습니다.

그런데 피고소인은 이를 무시하고 ○○○○. ○○. ○○.인쇄비로 금 2 ,000만원을 지급하였습니다.

라, 고소인은 교정본 세보를 종원들과 임원들에게 보이면서 오류가 많음을 상세히 설명하고 이를 교정할 때까지 인쇄비를 지급하지 않겠다고 했고 피고소인에게 지시했는데 이를 무시하고 인쇄를 했느냐고 따졌더니 ○○인쇄소 ○○○은 피고소인이 인쇄를 하라고 해서 인쇄를 한 것이라고 변명을 하였습니다.

그래서 고소인이 ○○인쇄소 ○○○과 언성을 높이고 항의하고 있는데 피고소인이 들어와서 갑자기 세보를 인수하겠다고 말하면서 종회의 총무를 보면서 보관하던 돈을 고소인에게 남겨주면서 ○○○에게 인쇄비를 지불하여 주라고 말하기에 고소인은 피고소인으로부터 돈을 확인한 후 ○○○에게 인쇄비를 주지 않고 피고소인에게 단독으로 할 말이 있으니 밖에 나가 있게 한 후 ○○인쇄소 ○○○에게 인쇄비가 3배나 비싼 이유가 무엇이냐, 인쇄를 중단하라고 했는데 왜 인쇄를 했느냐, 인쇄비를 지급하지 않겠다고 했는데 어찌하여 피고소인으로부터 인쇄비를 받았느냐고 따져 물었더니 아무런 대답을 하지 못했습니다.

고소인은 위 ○○○으로부터 아무런 대답을 들을 수 없다고 판단하였기에 사무실에서 나와 우체국으로 가서 피고소인으로부터 넘겨받은 돈을 고소인의 예금통장에 입금했는데 피고소인은 우체국에 와서 고소인에게 치매환자라며 고함을 치는 등 소동을 벌렸습니다.

마, 피고소인은 고소인이 위 인쇄비잔액을 탈취하였으니 이를 반환하지 않으면 법적조치를 취하겠다는 내용이 기재된 별지 첨부한 통고서를 고소인에게 내용증명우편으로 발송하였습니다.

바, ○○씨 대종회 임시총회가 ○○○○. ○○. ○○.11:00경 종회장 ○○○ 등 종원 ○○여명이 참석한 가운데 개최되었습니다.

이 자리에서 인쇄비 때문에 앙심을 품고 있던 피고소인이 대종회 회장에게 20분간 발언을 하겠다고 말한 후 종원들에게 통고서 사본과 ○○인쇄소 ○○○이 작성한 호소문을 종원들에게 배포한 후 장시간 동안 고소인을 맹비난하는 말을 하였는데 그 중요한 내용은 다음과 같습니다.

- 다 음 -

① 고소인이 00인쇄소에 세보인쇄대금으로 지불하려는 돈 2,000만원을 탈취해갔다.

② 돈을 탈취하기 전에 인쇄소 ○○○으로부터 커미션을 받으려고 획책하기 위해 피고소인을 밖으로 나가게 하였다.

③ 고소인은 치매자이고, 사기꾼이고, 협잡꾼이다.

사, 고소인은 ○○○○. ○○. ○○.피고소인에게 내용증명을 발송하고 피고소인의 잘못을 준엄하게 꾸짖었고, ○○○○. ○○. ○○.다시 경고장을 피고소인에게 보내 훈계했습니다.

아, 피고소인은 세보편찬위원장인 고소인을 보좌하여 업무를 보아야 함에도 불구하고 단독으로 처리하는 바람에 2천만원이면 제작하는 인쇄비를 무려 3,200만원이나 인쇄비로 지불하려한 것을 할아버지뻘이고 30년이나 연상인 고소인에게 함부로 욕설을 퍼붓고 반말을 임시총회 석상에서 하였다는 점은 도저히 용서할 수 없는 행동으로서 철저히 조사하여 피고소인을 엄벌에 처하여야 마땅합니다.

6. 범죄의 성립근거

가, 피해자의 특정

피고소인은 ○○씨 종원 약 ○○여명이 세보편찬을 위해 모인 자리에서 고소인을 비방하는 헛소문을 퍼뜨렸기 때문에 피해자인 고소인 본인이 충분히 특정 지어진 상태입니다.

한편, 위 임시총회에 모인 위 종원들은 고소인을 비방하는 사실을 쉽게 알아차릴 수 있었기 때문에 피해자가 특정된다고 볼 수 있습니다.

나, 공연성

피고소인이 고소인을 비방하기 위해 종원들 ○○명 앞에서 헛소문을 퍼뜨린 것은 고소인을 비방한 것이므로 공연성 또한 충족됩니다.

7. 증거자료

□ 고소인은 고소인의 진술 외에 제출할 증거가 없습니다.

■ 고소인은 고소인의 진술 외에 제출할 증거가 있습니다.

☞ 제출할 증거의 세부내역은 별지를 작성하여 첨부합니다.

8. 관련사건의 수사 및 재판여부

① 중복 고소여부	본 고소장과 같은 내용의 고소장을 다른 검찰청 또는 경찰서에 제출하거나 제출하였던 사실이 있습니다 □ / 없습니다 ■
② 관련 형사사건 수사 유무	본 고소장에 기재된 범죄사실과 관련된 사건 또는 공범에 대하여 검찰청이나 경찰서에서 수사 중에 있습니다 □ / 수사 중에 있지 않습니다 ■
③ 관련 민사소송 유무	본 고소장에 기재된 범죄사실과 관련된 사건에 대하여 법원에서 민사소송 중에 있습니다 □ / 민사소송 중에 있지 않습니다 ■

9. 기타

본 고소장에 기재한 내용은 고소인이 알고 있는 지식과 경험을 바탕으로 모두 사실대로 작성하였으며, 만일 허위사실을 고소하였을 때에는 형법 제156조 무고죄로 처벌받을 것임을 아울러 서약합니다.

○○○○ 년 ○○ 월 ○○ 일

위 고소인 : ○ ○ ○ (인)

전라북도 김제경찰서장 귀중

별지 : 증거자료 세부 목록

(범죄사실 입증을 위해 제출하려는 증거에 대하여 아래 각 증거별로 해당 난을 구체적으로 작성해 주시기 바랍니다)

1. 인적증거

<table>
<tr><td>성 명</td><td>○ ○ ○</td><td>주민등록번호</td><td colspan="3">생략</td></tr>
<tr><td>주 소</td><td colspan="3">전라북도 정읍시 ○○로 ○○길 ○○○,</td><td>직업</td><td>회사원</td></tr>
<tr><td>전 화</td><td colspan="5">(휴대폰) 010 - 7707 - 0000</td></tr>
<tr><td>입증하려는 내 용</td><td colspan="5">위 ○○○은 고소인과 같은 종원으로서 피고소인이 임시총회에서 고소인을 비방하는 것을 듣고 목격하였으므로 이를 입증하고자 합니다.</td></tr>
</table>

2. 증거서류

순번	증 거	작성자	제출 유무
1	진술서	고소인	■ 접수시 제출 □ 수사 중 제출
2	대화내용 녹취록	고소인	■ 접수시 제출 □ 수사 중 제출
3			□ 접수시 제출 □ 수사 중 제출
4			□ 접수시 제출 □ 수사 중 제출
5			□ 접수시 제출 □ 수사 중 제출

3. 증거물

순번	증 거	소유자	제출 유무
1	대화내용 녹취록	고소인	■ 접수시 제출 □ 수사 중 제출
2			□ 접수시 제출 □ 수사 중 제출
3			□ 접수시 제출 □ 수사 중 제출
4			□ 접수시 제출 □ 수사 중 제출
5			□ 접수시 제출 □ 수사 중 제출

4. 기타증거

추후 필요에 따라 제출하겠습니다.

【고소장(10)】 명예훼손죄 많은 사람들 면전에서 부정한 성적관계 암시하는 허위사실 유포 처벌요구 고소장

고 소 장

고 소 인 : ○ ○ ○

피 고소 인 : ○ ○ ○

경기도 ○○경찰서장 귀중

고 소 장

1. 고소인

성　　명	○ ○ ○		주민등록번호	생략
주　　소	경기도 ○○시 ○○로 ○○길 ○○, ○○○호			
직　　업	상업	사무실 주　소	생략	
전　　화	(휴대폰) 010 - 2345 - 0000			
대리인에 의한 고　　소	□ 법정대리인 (성명 : 　　, 　　연락처 　　) □ 고소대리인 (성명 : 변호사, 　　연락처 　　)			

2. 피고소인

성　　명	○ ○ ○		주민등록번호	생략
주　　소	경기도 ○○시 ○○로 ○○길 ○○, ○○○호			
직　　업	상업	사무실 주　소	생략	
전　　화	(휴대폰) 010 - 9122 - 0000			
기타사항	고소인과의 관계 - 친 · 인척관계 없습니다.			

3. 고소취지

고소인은 피고소인을 형법 제307조 제2항 허위사실 적시에 의한 명예훼손혐의로 고소하오니 철저히 수사하여 법에 준엄함을 깨달을 수 있도록 엄벌에 처하여 주시기 바랍니다.

4. 범죄사실

(1) 적용법조

① 형법 제307조 제2항(명예훼손죄)

공연히 허위의 사실을 적시하여 사람의 명예를 훼손한 자는 5년 이하의 징역, 10년 이하의 자격정지 또는 1,000만 원 이하의 벌금에 처한다.

(2) 당사자 관계

가, 고소인은 경기도 ○○시 ○○로 ○○길 ○○, ○○빌딩 제103호에서 상호 '○○뷰티샵' 이라는 미용실을 운영하고 있고 피고소인도 같은 ○○시 ○○로 ○○,에서 '장미샵' 이라는 상호로 미용실을 운영하고 있습니다.

나, 고소인은 ○○시 미용조합의 임원이고, 피고소인 또한 같은 조합의 임원입니다.

(3) 이 사건의 경위

가, 피고소인은 ○○○○. ○○. ○○. ○○:○○경 고소 외 ○○○가 경영하는 ○○미장원에서 같은 ○○시 미용조합의 추천을 의하여 ○○○○년도 ○○시 미용사자격시험위원으로 위촉된 고소인을 사퇴 시키려는 마음을 먹었습니다.

나, 피고소인이 여러 사람들이 모여 있는 자리에서 고소인은 ○○

로에 있는 모 ○○건설산업 주식회사 회장 ○○○의 정부로서 소행이 나빠 우리 미용조합의 수치니 사퇴시키자. 라고 말하여 공연히 사실을 적시하여 위 고소인의 명예를 훼손시킨 것입니다.

(4) 고소인의 피해상황

가, 고소인이 개인사정으로 회의에 조금 늦게 참석하였는데 회의에 참석해 피고소인의 발언을 직접 듣고 고소인에게 말을 해줘서 알고 있는 상황입니다.

나, 고소인은 피고소인의 위와 같은 헛소문 때문에 같은 미용조합원 들은 물론이고 부끄럽고 창피스러워서 도저히 참을 수 없어서 정신과적 치료까지 받고 있습니다.

5. 고소이유

(1) 피고소인에 대한 처벌의 필요성

가, 피고소인은 그 이후로도 고소인을 깎아 내리려고 계속해서 고소인에 대한 험담을 일삼고 있습니다.

나, 이와 같이 피고소인은 전혀 반성하지 않고 또 다시 허위사실을 유포하여 고소인의 명예를 훼손하였을 뿐더러 지금도 계속해서 유사한 행위를 계속하고 있으므로 형법 제307조 제2항 허위사실 적시에 의한 명예훼손죄가 명백하므로 기소 쪽으로의 확고한 의지를 가지고 고소인의 진술에 귀 기울여 실체적 진실을 밝히고 피고소인을 엄벌에 처할 수 있게 즉각적이고도 철저한 수사가 필요합니다.

6. 범죄의 성립근거

가, 피해자의 특정

피고소인은 ○○○○. ○○. ○○. ○○:○○경 경기도 ○○시 미용조합원 회의에 참석한 조합원 ○○○외 ○○명이 모인 자리에서 고소인을 비방하는 헛소문을 퍼뜨렸기 때문에 피해자인 고소인 본인이 충분히 특정 지어진 상태입니다.

한편, 조합원 회의에 모인 조합원들은 누구나 피고소인이 고소인을 비방하는 사실을 쉽게 알아차릴 수 있었기 때문에 피해자가 특정된다고 볼 수 있습니다.

나, 공연성

피고소인이 고소인을 비방하기 위해 헛소문을 퍼뜨린 것은 ○○시 미용조합원들이 모여 있는 회의 장소에서 고소인을 비방한 것이므로 공연성 또한 충족됩니다.

7. 증거자료

□ 고소인은 고소인의 진술 외에 제출할 증거가 없습니다.

■ 고소인은 고소인의 진술 외에 제출할 증거가 있습니다.

☞ 제출할 증거의 세부내역은 별지를 작성하여 첨부합니다.

8.관련사건의 수사 및 재판여부

① 중복 고소여부	본 고소장과 같은 내용의 고소장을 다른 검찰청 또는 경찰서에 제출하거나 제출하였던 사실이 있습니다 □ / 없습니다 ■
② 관련 형사사건 수사 유무	본 고소장에 기재된 범죄사실과 관련된 사건 또는 공범에 대하여 검찰청이나 경찰서에서 수사 중에 있습니다 □ / 수사 중에 있지 않습니다 ■
③ 관련 민사소송 유무	본 고소장에 기재된 범죄사실과 관련된 사건에 대하여 법원에서 민사소송 중에 있습니다 □ / 민사소송 중에 있지 않습니다 ■

9.기타

본 고소장에 기재한 내용은 고소인이 알고 있는 지식과 경험을 바탕으로 모두 사실대로 작성하였으며, 만일 허위사실을 고소하였을 때에는 형법 제156조 무고죄로 처벌받을 것임을 아울러 서약합니다.

○○○○ 년 ○○ 월 ○○ 일

위 고소인 : ○ ○ ○ (인)

경기도 ○○경찰서장 귀중

별지 : 증거자료 세부 목록

(범죄사실 입증을 위해 제출하려는 증거에 대하여 아래 각 증거별로 해당 난을 구체적으로 작성해 주시기 바랍니다)

1. 인적증거

성 명	○ ○ ○	주민등록번호	생략	
주 소	경기도 OO시 OO로 OO길 OOO,		직업	상업
전 화	(휴대폰) 010 - 7707 - 0000010 - 7707 - 0000			
입증하려는 내 용	위 OOO은 고소인과 같은 OO시 미용사조합원으로서 피고소인이 회의에 앞서 고소인을 비방하는 것을 듣고 목격하였으므로 이를 입증하고자 합니다.			

2. 증거서류

순번	증 거	작성자	제출 유무
1	진술서	고소인	■ 접수시 제출 □ 수사 중 제출
2	대화내용 녹취록	고소인	■ 접수시 제출 □ 수사 중 제출
3			□ 접수시 제출 □ 수사 중 제출
4			□ 접수시 제출 □ 수사 중 제출
5			□ 접수시 제출 □ 수사 중 제출

3. 증거물

순번	증 거	소유자	제출 유무
1	대화내용 녹취록	고소인	■ 접수시 제출 □ 수사 중 제출
2			□ 접수시 제출 □ 수사 중 제출
3			□ 접수시 제출 □ 수사 중 제출
4			□ 접수시 제출 □ 수사 중 제출
5			□ 접수시 제출 □ 수사 중 제출

4. 기타증거

추후 필요에 따라 제출하겠습니다.

【고소장(11)】 명예훼손죄 불특정 다수인이 보는 자리에서 절도범아라고 허위사실유포 처벌요구 고소장

고　　소　　장

고 소 인 : ○　○　○

피 고소 인 : ○　○　○

경기도 화성경찰서장 귀중

고 소 장

1. 고소인

성 명	○ ○ ○	주민등록번호	생략
주 소	경기도 화성시 ○○로 ○○길 ○○, ○○○호		
직 업	가정주부	사무실 주 소	생략
전 화	(휴대폰) 010 - 5512 - 0000		
대리인에 의한 고 소	□ 법정대리인 (성명 : , 연락처) □ 고소대리인 (성명 : 변호사, 연락처)		

2. 피고소인

성 명	○ ○ ○	주민등록번호	생략
주 소	경기도 화성시 ○○로 ○○길 ○○, ○○○호		
직 업	무지	사무실 주 소	생략
전 화	(휴대폰) 010 - 8845 - 0000		
기타사항	고소인과의 관계 - 친·인척관계 없습니다.		

3. 고소취지

고소인은 피고소인을 형법 제307조 제2항 명예훼손죄 등으로 고소하오니 철저히 수사하여 법에 준엄함을 깨달을 수 있도록 엄벌에 처하여 주시기 바랍니다.

4. 범죄사실

(1) 적용법조

① 형법 제307조 제2항(명예훼손죄)

공연히 허위의 사실을 적시하여 사람의 명예를 훼손한 자는 5년 이하의 징역, 10년 이하의 자격정지 또는 1,000만 원 이하의 벌금에 처한다.

(2) 당사자 관계

가, 고소인은 주소지에 거주하는 가정주부이며, 피고소인은 고소인과 이웃에 거주하는 자입니다.

(3) 이 사건의 경위

가, 피고소인은,

○○○○. ○○. ○○.15:50경 고소인의 집 현관 밖에서 고소인이 ○○○○. ○○. ○○. 야간에 피고소인의 집 장롱속의 쉐타 호주머니에 넣어둔 금 ○○○만 원을 절취한 사실이 없음에도 불구하고, 때마침 이웃 주민 약 ○○여명이 모인 자리에서 "야 이년아! 그 돈이 어떤 돈인데 내 돈 내놔라. 니가 그러고도 하나님을 믿느냐?" 라며 마치 고소인이 피고소인의 돈을 훔쳐간 절도범인 것처럼 그때부터 약 ○○여분 간에 걸쳐 고함을 치고 소리를 지름으로써 공연히 허위의 사실을 적시하여 피해자의 명예를 훼손하였습니다.

나, 피고소인은 돈이 없어졌다고 한 날부터 서너 차례 고소인을 의심하고 소란을 피워 참다못한 고소인의 남편과 이웃들이 경찰에 신고를 하여 2회에 걸쳐 경찰관이 출동하였으나 그때마다 출동한 경찰관은 피고소인이 나이도 많고 하니 고소인이 우선 피해 있으면 오해가 풀리지 않겠느냐며 이해를 하라고 한 뒤 돌아갔던 일이 있었습니다.

다, 그 이후 피고소인은 오해가 풀리기는커녕 오히려 고소인이 정말 피고소인의 돈을 훔쳐간 사람이라고 계속해서 고래고래 소리쳐 도저히 묵과할 수 없어 본 고소에 이른 것이오니 법에 따라 의법조치해주시기 바랍니다.

5.범죄의 성립근거

가, 피해자의 특정

피고소인은 ○○○○. ○○. ○○. 15:50경 고소인의 집 현관 밖에서 고소인이 ○○○○. ○○. ○○. 야간에 피고소인의 집 장롱속의 쉐타 호주머니에 넣어둔 금 ○○○만 원을 절취한 사실이 없음에도 불구하고, 때마침 이웃 주민 약 ○○여명이 모인 자리에서 고소인이 피고소인의 돈을 훔쳐간 절도범인 것처럼 그때부터 약 ○○여 분간에 걸쳐 고함을 치고 소리를 지름으로써 공연히 허위의 사실을 적시하여 피해자의 명예를 훼손하였기 때문에 피해자인 고소인 본인이 충분히 특정 지어진 상태입니다.

한편, 피고소인이 고소인의 집 앞에서 허위사실을 퍼트린 것이므로 고소인을 비방하는 사실임을 쉽게 알아차릴 수 있었기 때문에 피해자가 특정된다고 볼 수 있습니다.

나, 공연성

피고소인이 고소인의 집 대문 앞에서 이웃 주민들이 약 ○○명이 모여 있는 자리에서 피고소인의 돈을 고소인이 훔친 사실이 없음에도 고소인이 피고소인의 돈을 훔친 절도범으로 허위사실을 적시한 것이어서 공연성 또한 충족됩니다.

5. 증거자료

□ 고소인은 고소인의 진술 외에 제출할 증거가 없습니다.

■ 고소인은 고소인의 진술 외에 제출할 증거가 있습니다.

☞ 제출할 증거의 세부내역은 별지를 작성하여 첨부합니다.

6. 관련사건의 수사 및 재판여부

① 중복 고소여부	본 고소장과 같은 내용의 고소장을 다른 검찰청 또는 경찰서에 제출하거나 제출하였던 사실이 있습니다 □ / 없습니다 ■
② 관련 형사사건 수사 유무	본 고소장에 기재된 범죄사실과 관련된 사건 또는 공범에 대하여 검찰청이나 경찰서에서 수사 중에 있습니다 □ / 수사 중에 있지 않습니다 ■
③ 관련 민사소송 유무	본 고소장에 기재된 범죄사실과 관련된 사건에 대하여 법원에서 민사소송 중에 있습니다 □ / 민사소송 중에 있지 않습니다 ■

7. 기타

본 고소장에 기재한 내용은 고소인이 알고 있는 지식과 경험을 바탕으로 모두 사실대로 작성하였으며, 만일 허위사실을 고소하였을 때에는 형법 제156조 무고죄로 처벌받을 것임을 아울러 서약합니다.

○○○○ 년 ○○ 월 ○○ 일

위 고소인 : ○ ○ ○ (인)

경기도 화성경찰서장 귀중

별지 : 증거자료 세부 목록

(범죄사실 입증을 위해 제출하려는 증거에 대하여 아래 각 증거별로 해당 난을 구체적으로 작성해 주시기 바랍니다)

1. 인적증거

성 명	○ ○ ○	주민등록번호	생략
주 소	경기도 화성시 ○○로 ○○길 ○○○,	직업	주부
전 화	(휴대폰) 010 - 9991 - 0000		
입증하려는 내 용	위 ○○○은 고소인과 같은 이웃에 살면서 피고소인이 고소인의 집 앞에서 많은 이웃 주민들이 모여 있는 자리에서 고소인이 피고소인의 돈을 훔친 도둑으로 발언한 사실을 듣고 목격하였으므로 이를 입증하고자 합니다.		

2. 증거서류

순번	증 거	작성자	제출 유무
1	스크린 샷	고소인	■ 접수시 제출 □ 수사 중 제출
2	진술서	고소인	■ 접수시 제출 □ 수사 중 제출
3			□ 접수시 제출 □ 수사 중 제출
4			□ 접수시 제출 □ 수사 중 제출
5			□ 접수시 제출 □ 수사 중 제출

3. 증거물

순번	증 거	소유자	제출 유무
1	대화내용 녹취록	고소인	■ 접수시 제출 □ 수사 중 제출
2			□ 접수시 제출 □ 수사 중 제출
3			□ 접수시 제출 □ 수사 중 제출
4			□ 접수시 제출 □ 수사 중 제출
5			□ 접수시 제출 □ 수사 중 제출

4. 기타증거

추후 필요에 따라 제출하겠습니다.

제2편

모욕죄

제1장
모욕죄 처벌규정

제1장/

처벌규정 -

가, 모욕죄 처벌규정 -

형법 각칙 제33장 명예에 관한 죄 제5절 형법 제311조 모욕죄 공연히 사람을 모욕한 자는 1년 이하의 징역이나 금고 또는 200만 원 이하의 벌금에 처하는 범죄입니다.

모욕죄와 명예훼손죄는 행위방법에서 사실의 적시 여부에 의하여 구별되며, 공소시효는 5년이고, 친고죄에 해당합니다.

사이버모욕죄는 존재하지 않아 인터넷 상에서 일어나는 모욕은 모두 형법 제311조 모욕죄에 의하여 처벌합니다.

나, 정보통신망 이용촉진 및 정보보호 등에 관한 법률위반 처벌규정 -

정보통신망 이용촉진 및 정보보호 등에 관한 법률 제74조(벌칙) 제1항 제3호에 해당하는 자는 1년 이하의 징역 또는 1천만 원 이하의 벌금에 처합니다.

제3호 정보통신망 이용촉진 및 정보보호 등에 관한 법률 제44조의7 제1항제3호를 위반하여 공포심이나 불안감을 유발하는 부호·문언·음향·화상 또는 영상을 반복적으로 상대방에게 도달하게 한 자

정보통신망 이용촉진 및 정보보호 등에 관한 법률 제44조의7(불법정보의 유통금지 등) 제1항 제3호에 해당하는 정보를 유통하여서는 아니 됩니다.

제3호 공포심이나 불안감을 유발하는 부호 · 문언 · 음향 · 화상 또는 영상을 반복적으로 상대방에게 도달하도록 하는 내용의 정보

다, 성폭력범죄의 처벌 등에 관한 특례법위반 처벌규정 -

자기 또는 다른 사람의 성적 욕망을 유발하거나 만족시킬 목적으로 전화, 우편, 컴퓨터, 그 밖의 통신매체를 통하여 성적 수치심이나 혐오감을 일으키는 말, 음향, 글, 그림, 영상 또는 물건을 상대방에게 도달하게 한 사람은 성폭력범죄의 처벌 등에 관한 특례법 제13조(통신매체를 이용한 음란행위)에 따라 2년 이하의 징역 또는 500만 원 이하의 벌금에 처합니다.

위와 같은 성적인 모욕발언은 형법 제311조 모욕죄가 아닌 성폭력범죄의 처벌 등에 관한 특례법을 적용하여 처벌하기 때문에 처벌수위가 높은 처벌을 받을 수 있습니다.

라, 경범죄처벌법위반 처벌규정 -

경범죄처벌법 제3조(경범죄의 종류) 제1항 제40호에 해당하는 사람은 10만 원 이하의 벌금, 구류 또는 과료(科料)의 형으로 처벌합니다.

제40호(장난전화 등) 정당한 사유 없이 다른 사람에게 전화 · 문자메시지 · 편지 · 전자우편 · 전자문서 등을 여러 차례 되풀이하여 괴롭힌 사람

장난으로 전화를 거는 행위. 경범죄처벌법 제3조 제1항 제40호에서는 정당한 사유 없이 다른 사람에게 전화 · 문자메시지 · 편지 · 전자우편 · 전자문서 등을 여러 차례 되풀이하여 괴롭히는 행위로 정의하고 있으므로 처벌할 수 있습니다.

제2장
모욕죄 성립요건

제2장/

모욕죄 성립요건 -

모욕죄가 성립하기 위해서는 첫째, 공연성이 인정되어야 성립합니다. 둘째, 특정성이 인정되어야 성립합니다. 셋째, 모욕성이 인정되어야 모욕죄가 성립합니다. 모욕죄가 되려면 필요한 필수요소 3가지가 성립하여야 합니다.

(1) '공연히' 제3자도 그 말을 들었는가?
(2) '사람을' 피해자가 누구인지 명확한가?
(3) '모욕한' 모욕적인 표현이 사용되었는가?

모욕죄로 고소하면 사법경찰관이나 검사는 주로 모욕적인 표현이 있었는지 또 공연성이 있는지를 따져보고 모욕죄가 인정되면 법원으로 기소하고 법원에서 형사재판을 받게 되면 주로 모욕적인 표현이 있었는지가 쟁점으로 다투어집니다.

모욕죄는 사실을 적시하지 아니하고 사람의 사회적 평가를 저하시킬 만한 추상적 판단이나 경멸적 감정을 표현하는 것으로써, 모욕죄의 성립요건에는 불특정 및 다수인이 인식할 수 있는 상태인 '공연성' 과 제3자가 피해자를 인식할 수 있는 '특정성' 이 있어야 하고 '모욕성' 이 인정되어야 성립합니다.

형법 제311조 모욕죄에서 공연히 사람을 모욕한 자를 처벌하는 다는 것과 같이 공연히는 공연성을 말하는 것이며, 사람을 은 특정성을 말하며, 모욕한 자는 모욕성을 말하는 것이므로 모욕죄가 성립하기 위해서는 성립요건이 모두 충족되어야 모욕죄가 성립하고 처벌할 수 있습니다.

모욕죄는 공연하게 다른 사람을 모욕함으로써 성립하는 범죄입니다.

다른 사람들 앞에서 상대에게 욕설을 퍼붓고 모욕을 주면 모욕죄로 고소가 가능한 것입니다.

다시 말해 모욕죄가 성립하기 위해서는 공연성이 있어야 하는데 '공연성' 은 모욕죄의 정의에도 나와 있듯이 공연하게 즉, 다수가 보거나 들을 수 있는 곳에서 모욕의 행위가 이루어져야 합니다. 그래서 피해자와 가해자 단 둘이 있는 곳에서 하는 것은 공연성이 없는 것이므로 모욕죄가 되지 않습니다.

모욕죄가 성립하기 위해서는 특정성이 있어야 하는데 '특정성' 은 모욕의 상대를 특정해서 이야기해야 모욕죄가 성립합니다. 인터넷 상에서의 모욕죄는 바로 이 특정성 때문에 모욕죄가 성립되지 않을 수 있습니다. 단 둘이 휴대전화를 통하면서 욕설을 한 경우나 인터넷 상에서 대부분 닉네임이나 아이디만으로 접속하고 활동하는 가상공간이 많기 때문에 특정성이 인정되지 않아 모욕죄로 고소하는 것이 여간 어려운 것이 아닙니다.

그러나 여러 명이 피해자인 상대방의 얼굴을 알고 있는 상황에서 댓글을 달고 욕설을 하거나 상대의 실명으로 되어있는 아이디를 지정하며 욕설을 했다면 피해자가 특정된 것으로 인정되기 때문에 모욕죄가 성립합니다.

모욕죄가 성립하기 위해서는 구체적인 사실을 적시하지 않고 외부적 명예를 훼손할 만한 추상적인 가치판단을 표시하는 발언이나 표현이어야만 모욕성이 인정됩니다.

모욕죄는 표현 범이므로 단순한 무례·불친절만으로는 모욕이라 할 수 없지만 침을 뱉거나 빰을 때리는 것은 거동에 의한 모욕성이 인정될 수 있으나 이러한 경우에는 폭행죄와 상상적 경합이 될 수 있습니다.

또는 자기 또는 다른 사람의 성적 욕망을 유발하거나 만족시킬 목적으로 전화, 우편, 컴퓨터, 그 밖의 통신매체를 통하여 성적 수치심이나 혐오감을 일으키는 말, 음향, 글, 그림, 영상 또는 물건을 상대방에게 도달하게 한 사람은 성폭력범죄의 처벌 등에 관한 특례법 제13조(통신매체를 이용한 음란행위)에 따라 2년 이하의 징역 또는 500만 원 이하의 벌금에 처하고 있습니다.

위와 같은 성적인 모욕발언은 형법 제311조 모욕죄가 아닌 성폭력범죄의 처벌 등에 관한 특례법을 적용하여 처벌하기 때문에 모욕죄의 성립요건인 공연성이나 특정성과 모욕성이 성립하지 않아도 더 처벌수위가 높은 처벌을 받을 수 있습니다.

제1절/

모욕죄 '공연성' -

공연성은 피해자에게 모욕을 한 사실을 제3자 등이 목격했을 때 비로소 인정되는 것입니다. 대법원의 판례에 의하면 '불특정 또는 다수인이 인식할 수 있는 상태' 라고 밝히고 있습니다.

이는 제3자가 불특정한 경우 그 숫자가 다수이건 소수이건 상관이 없다는 것이며, 제3자가 다수인 경우 그 특정이 불특정이건 특정이건 상관이 없다는 의미로서 제3자가 불특정할 경우 그 숫자가 다수이건 소수이건 상관없이 공연성이 인정되고, 제3자의 숫자가 다수인 경우 그 특성이 불특정이건 특정이건 상관없이 공연성이 인정된다는 것입니다.

여기서 특정은 친분이 있는 사람을 말하고, 불특정은 친분이 없는 사람 제3자를 말하는데 대법원은 전파가능성을 기준으로 하는데 모욕을 당한 내용이 다수의 사람들에게 전파될 가능성이 있느냐에 중점을 두고 있습니다.

전파가능성이 있다면 '공연성' 이 인정되고 전파가능성이 없다면 공연성은 부정된다는 것입니다.

모욕죄에 있어서의 "공연성" 은 불특정 또는 다수인이 인식할 수 있는 상태를 의미하므로 비록 특정의 사람에 대하여 어떤 사실을 이야기하였어도 이로부터 불특정 또는 다수인에게 전파될 가능성이 있다면 공연성의 요건을 충족하는 것이나 이와 달리 전파될 가능성이 없다면 공연성을 결여한 것으로 보고 있습니다.

형법 제311조의 소위 공연히 사람을 모욕한 자라 함은 다수인 혹은 불특정인이 견문할 수 있는 상황에서 사람의 사회적 지위를 경멸하는 행위를 한 자를 말하고 그 다수인의 자격에 일정한 제한이 있는 경우에도 그 행위는 공연성이 있습니다.

공연성은 피해자가 모욕을 당하는 장면을 불특정한 제3자가 목격한 경우에 성립하고, 특정성은 모욕을 당하는 피해자가 어떤 사람인지 어디에 사는 누구인지 제3자 같이 게임을 하는 사람이 인식할 수 있을 경우에 성립하고 모욕성은 적어도 폐륜적인 언행을 듣거나 성희롱적인 발언 또는 피해자의 사회적 평가를 저하시킬만한 추상적 판단이나 경멸적인 표현과 눈살이 찌푸려지는 정도의 모욕이 되어야 성립합니다.

온라인 게임 상에서는 무조건 공연성은 성립합니다. 또 목격한 제3자가 피해자와 어떤 관계에 있는지에 따라 성립여부가 결정되며 그 제3자는 친구, 지인, 모르는 타인으로 나눌 수 있는데 친구와 지인은 특정한 제3자이고, 모르는 타인은 불특정한 제3자입니다. 대법원은 제3자가 특정한 경우 그 숫자가 다수일 경우에만 공연성을 인정하고 제3자가 불특정한 경우 그 숫자가 소수이더라도 공연성을 인정하고 있으므로 말하자면 친구나 지인은 특정한 제3자이므로 그 숫자가 다수인 경우에만 공연성이 인정되므로 온라인 게임을 할 경우 공연성은 부정되며, 모르는 타인은 불특정 제3자이므로 그 숫자가 소수일 경우에도 공연성이 인정됩니다.

모욕죄의 공연성에 있어 특정은 피해자와 제3자가 친분이 있는 경우 특정하다고 보고 있으며, 불특정은 피해자와 제3자가 친분이 없는 경우 불특정하다고 보고 있습니다.

게시 글이나 댓글로 모욕적인 언행을 당했을 때에는 이를 목격하는 제3자가 다수인이므로 제3자가 피해자와 친분이 있거나 친분이 없어도 상관없이 공연성은 성립되고 게임을 하는 도중 모욕적인 언행을 당했을 때에는 이를 목격하는 제3자가 소수인이므로 제3자가 피해자와 친분이 없는 불특정의 경우에만 공연성이 성립됩니다. 이는 특정한지 불특정한지를 친분으로 구분하는 것은 전파가능성을 판단하기 위함입니다.

결론적으로 친구나 지인은 특정성은 성립되지만 전파가능성이 없기 때문에 공연성은 부정됩니다. 모르는 제3자는 전파가능성이 있기 때문에 공연성은 성립하지만 또 특정성이 부정됩니다.

말하자면 게임 상에서 일어난 모욕은 공연성이 인정되려면 같이 게임을 한 사람이 다른 사람에게 전파할 수 있음을 입증해야 합니다.

피해자와 친분이 없어 피해자가 모욕당한 사실을 전파할 가능성이 있다는 것을 주장해야 합니다.

게임에서 공연성이 성립하기 위해서는 제3자는 피해자와 친분이 없어야 합니다.

모르는 사람들은 친구와 선배와 지인들과 온라인 게임을 하였으므로 당연 피해자의 인적사항을 알고 있기 때문에 특정성이 성립되므로 모욕죄가 성립하여 처벌할 수 있다고 주장합니다. 그러나 친구나 선배나 지인들은 피해자가 어디에 사는 누구인지 알고 있기 때문에 모욕죄에 있어 특정성은 성립될 수 있으나 지인들이 그 모욕에 대하여 제3자 또는 불특정 다수인에게 전파할 가능성이 없기 때문에 역시 공연성이 인정되지 않아 모욕죄로 처벌할 수 없습니다.

제2절/

모욕죄 '특정성' -

모욕죄는 형법 제311조에서 공연히 사람을 모욕한 자는 1년 이하의 징역이나 금고 또는 200만 원 이하의 벌금에 처한다고 규정하고 있는데 여기서 '공연히', '사람을', '모욕한 자'를 처벌한다고 정의하고 있는 것은 '공연히'는 공연성을 말하고, '사람을'은 특정성을 의미하고 '모욕한 자'는 모욕성을 말합니다.

모욕죄가 성립하기 위해서는 특정성이 있어야 하는데 '특정성'은 모욕의 상대를 특정해서 이야기해야 모욕죄가 성립합니다. 인터넷 상에서의 모욕죄는 바로 이 특정성 때문에 모욕죄가 성립되지 않을 수 있습니다. 단 둘이 휴대전화를 통하면서 욕설을 한 경우나 인터넷 상에서는 대부분 닉네임이나 아이디만으로 접속하고 활동하는 가상공간이 많기 때문에 특정성이 인정되지 않아 모욕죄로 고소하는 것이 여간 어려운 것이 아닙니다.

한편 특정성은 해당 내용(모욕)이 누구에 대한 것인지를 가해자로부터 이야기를 들은 사람이 명확하게 인식할 수 있는 것을 말합니다. 이러한 특정성은 모욕죄로 고소가 이루어지면 수사기관, 법원에서 가장 먼저 확인하는 성립요건입니다.

일반적으로 이름, 사진 등을 말하거나 게시한 경우 특정성은 인정될 수 있습니다. 그러나 특정성이란 반드시 피해자의 이름, 사진이 기재되거나 말을 해야 성립되는 것은 아닙니다. 즉, 대법원 판례는 가해자가 피해자의 이름을 기재하지 않더라도 주변 정황을 통하여 해당 내용(욕설)이 누구에 대한 것인지를 제3자가 인식할 수 있다면 특정성은 성립한다고 판시한 바 있습니다.

다만 실무상 인터넷 공간에서 이루어지는 모욕죄의 특정성이 성립되기 위해서는 피해자를 인터넷 상에서만 알고 있는 지인이 가해자의 글을 읽고 그것이 피해자에 대한 내용임을 인식하는 것만으로는 부족하고, 더 나아가 피해자를 인터넷 상에서 뿐 아니라 오프라인에서도 실제로 만나고 연락도 종종 하는 사람들이 피해자에 대한 내용임을 인식하는 것을 필요로 합니다.

모욕죄의 공연성은 피해자에게 모욕을 한 사실을 제3자 등이 목격했을 때 비로소 인정되는 것입니다. 대법원의 판례에 의하면 '불특정 또는 다수인이 인식할 수 있는 상태' 라고 밝히고 있습니다.

이는 제3자가 불특정한 경우 그 숫자가 다수이건 소수이건 상관이 없다는 것이며, 제3자가 다수인 경우 그 특정이 불특정이건 특정이건 상관이 없다는 의미이며, 제3자가 불특정할 경우 그 숫자가 다수이건 소수이건 상관없이 공연성이 인정되고, 제3자의 숫자가 다수인 경우 그 특성이 불특정이건 북정이건 상관없이 공연성이 인정된다는 것입니다.

여기서 특정은 친분이 있는 사람을 말하고, 불특정은 친분이 없는 사람 제3자를 말하는데 대법원은 전파가능성을 기준으로 하는데 모욕을 당한 내용이 다수의 사람들에게 전파될 가능성이 있느냐에 중점을 두고 있습니다. 전파가능성이 있다면 공연성이 인정되고 전파가능성이 없다면 공연성은 부정된다는 것입니다. 그러므로 특정성은 사람을 모욕한 경우에 처벌한다는 것입니다.

피해자가 사람인 경우에 한하여 모욕죄가 성립하는 것입니다. 말하자면 오프라인에서는 실존하는 인물이 있으므로 특정성이 성립하는 것입니다.

그러나 온라인 공간에서는 실존하는 인물이 있기 보다는 피해자를 대표하는 닉네임이나 아이디로 활동을 하게 되기 때문에 닉네임이나 아이디를 실존 인물이라고 인정할 수 없어 특정성이 성립하지 않는 것입니다. 그러므로 온라인상에서 특정성이 성립 안 되는 것은 아닙니다.

온라인상에서 자신의 인적사항을 공개하여야만 그 피해자는 그때부터 특정성이 성립될 수 있습니다.

어떻게 보면 모욕성 발언 도중에 특정성을 성립시키기 위해서 인적사항을 공개하는 등 피해자가 오히려 피해를 유도한 것으로 오해를 살 수도 있는 일이기는 합니다.

그러므로 피해자가 스스로 인적사항을 공개하지 않으면 제3자는 온라인상의 닉네임이나 아이디만으로 피해자가 누구인지 어떤 인물인지 알 수가 없기 때문에 특정성이 성립하지 않는 것입니다.

또한 피해자가 모욕을 당하고 그 즉시 인적사항을 공개하고 모욕을 하지 말라고 요구하자 가해자가 욕설을 중지했다면 모욕죄는 성립하지 않습니다.

그러나 인적사항을 공개하고 중지를 요청했음에도 불구하고 중지하지 않고 계속 욕설을 했다면 인적사항을 공개한 시점부터 특정성이 성립하여 모욕죄로 처벌할 수 있습니다.

인적사항을 공개하고 중지를 요청하지 않으면 의도적으로 피해를 유도한 것으로 비춰질 수 있기 때문에 가급적이면 인적사항을 공개하면서 욕설을 중지할 것을 요청해야 합니다.

헌법재판소 판례에 의하면 ID(아이디), 닉네임은 피해자가 특정되었다고 볼 수 없다고 한 사례

사건의 개요 -

가. 피해자는 인터넷 포털사이트 네이버(NAVER)의 뉴스 기사에 관한 네티즌 의견 게시판에 자신의 아이디(ID)를 이용하여 '개인적으로는 무죄찬성입니다.' 라는 제목으로 의견을 게시하였는데 이에 대하여 성명불상의 피고소인들이 피해자의 아이디(ID)를 지칭하며 '내가 당신 부모를 강간한 다음 무죄판결 받아야 한다는 뜻 같습니다.' 는 등의 모욕적인 감정표현을 담은 댓글을 달자 이들을 모욕죄로 고소하였다.

나. 검사는 위 고소사건(서울남부지방검찰청 2006형제47728호)을 수사한 후 2006. 10. 20. 불특정 다수인에 의하여 고소인이 누구인지 인식할 수 있는 상태가 될 수 없어 혐의 없음이 명백하다는 이유로 각하의 불기소처분을 하였고, 피해자는 위 불기소처분에 불복하여 검찰청법이 정한 항고 및 재항고를 거쳐 2007. 4. 20. 위 불기소처분으로 인하여 피해자의 재판절차진술권 등이 침해되었다고 주장하면서 위 불기소처분의 취소를 구하는 이 사건 헌법소원심판을 청구하였습니다.

판단 -

가. 모욕죄의 보호법익은 사람의 가치에 대한 사회적 평가인 이른바 외부적 명예인 점에서는 차이가 없고(대법원 1987. 5. 12. 선고 87도739 판결), 명예의 주체인 사람은 특정한 자임을 요하지만 반드시 사람의 성명을 명시하여 허위의 사실을 적시하여야만 하는 것은 아니므로 사람의 성명을 명시한 바 없는 허위사실의 적시행위도 그 표현의 내용을 주위사정과 종합 판단하여 그것이 어느 특정인을 지목하는 것인가를 알아차릴 수 있는 경우에는 그 특정인에 대한 명예훼손죄를 구성한다(대법

원 1982. 11. 9. 선고 82도1256 판결, 대법원 2002. 5. 10. 선고 2000다50213 판결 등).

나. 한편 명예훼손 또는 모욕의 방식은 인터넷상의 댓글로도 얼마든지 가능한 것이므로 인터넷상의 댓글로서 특정인의 실명을 거론하여 특정인의 명예를 훼손하거나, 또는 실명을 거론하지는 않더라도 그 표현의 내용을 주위사정과 종합하여 볼 때 그 표시가 특정인을 지목하는 것임을 알아차릴 수 있는 경우에는 그와 같은 댓글을 단 행위자는 원칙적으로 정보통신망 이용촉진 및 정보보호 등에 관한 법률위반(명예훼손) 또는 형법상의 모욕죄의 죄책을 면하기 어렵다 할 것이다. 하지만 이 사건과 같이 명예훼손 또는 모욕을 당한 피해자의 인터넷 아이디(ID)만을 알 수 있을 뿐 그 밖의 주위사정, 즉 문제된 뉴스 기사와 이에 대한 피해자의 의견, 피고소인들의 댓글 내용, 해당 인터넷 게시판의 이용 범위 등을 종합해보더라도 그와 같은 인터넷 아이디(ID)를 가진 사람이 피해자라고 알아차리기 어렵고 달리 이를 추지할 수 있을 만한 아무런 자료가 없는 경우에 있어서는, 외부적 명예를 보호법익으로 하는 명예훼손죄 또는 모욕죄의 피해자가 피해자로 특정되었다고 볼 수 없으므로, 특정인인 피해자에 대한 명예훼손죄 또는 모욕죄가 성립하는 경우에 해당하지 아니한다.

다. 따라서 검사의 고소사실에 관하여 현저히 정의와 형평에 반하는 수사를 하였거나, 헌법의 해석, 법률의 적용 또는 증거판단에 있어서 불기소처분의 결정에 영향을 미친 중대한 잘못이 있었다고 보이지 아니하고, 달리 검사의 위 불기소처분이 헌법재판소가 관여할 정도의 자의적인 처분이라고 볼 자료도 없으므로 이로 말미암아 피해자 주장의 기본권이 침해되었다고 볼 수 없다고 판단하여 피해자의 ID(아이디)만으로는 피해자가 특정되었다고 보기 어렵다고 하였습니다.

제3절/

모욕죄 '모욕성' -

형법 제311조의 모욕죄는 사람의 가치에 대한 사회적 평가를 의미하는 외부적 명예를 보호법익으로 하는 범죄로서, 모욕죄에서 말하는 '모욕성' 이란 사실을 적시하지 아니하고 사람의 사회적 평가를 저하시킬 만한 추상적 판단이나 경멸적 감정을 표현하는 것을 의미합니다.

모욕죄에서 말하는 '모욕성' 이란 사실을 적시하지 아니하고 사람의 사회적 평가를 저하시킬 만한 추상적 판단이나 경멸적 감정을 표현하는 것입니다.

대법원은 '모욕성에서 모욕이란 사람의 사회적 평가를 저하시킬만한 추상적 판단이나 경멸적인 표현' 이라고 밝혔습니다. 사람의 사회적 평가를 저하시킬만한 경멸적인 표현의 대표적인 예로는 '욕설' 입니다. 법원은 '그 개×새끼' , '미친×새끼' 등의 표현을 모욕죄의 '모욕성' 으로 인정하였고 '뚱뚱해서 돼지 같은 것' 의 표현 또한 모욕적인 표현으로 인정하였는데 이는 어디까지나 오프라인에서 발생하는 모욕사건에서 인정된 것입니다.

그러나 온라인에서 발생하는 모욕사건의 경우 영장발부가 필요한데 이러한 정도의 모욕적인 표현으로는 영장발부가 되지 않습니다. 온라인에서 '병신' , 'ㅊㅋㅊㅋㅊㅋ' , '나쁜자슥' , '개 같은 놈' 등의 욕설을 들었다고 해서 고소를 하였더라도 가해자의 인적사항에 대한 영장발부가 되지 않아 그대로 수사종결이 될 수밖에 없습니다.

가해자를 알지 못하더라도 영장발부조차 되지 않고 모욕죄 사건이 종결된다는 게 이해가 안 될 수 있습니다. 대검찰청에서 발표한 '인터넷 악성댓글 처리방안' 에 의하면 모욕죄의 혐의가 인정되더라도 고소남발로 판단되는 경우 조사 없이 각하처리 한다는 내용이 들어있는데 이는 합의금을 노린 고소나 경미한 '욕설' 등을 고소남발로 보고 있기 때문입니다.

온라인 공간에서 발생하는 모욕사건의 가해자를 특정하고 최종적으로 처벌하기 위해서는 누가 들어도 정말 눈살이 찌푸려지는 정도의 '모욕' 이 되어야 합니다.

예를 들어 가해자가 부모님을 언급하는 패륜적인 언행을 하거나 또 성적인 발언을 하면서 성희롱을 하거나, 피해자의 신체를 언급하고 모멸감을 주는 언행들은 '모욕성' 이 인정되어 모욕죄로 고소하면 처벌할 수 있습니다.

따라서 온라인 공간에서 모욕죄의 '모욕성' 이 인정되기 위해서는 적어도 패륜적인 언행을 듣거나 성희롱적인 발언을 들어야만 가능합니다.

이러한 모욕이 모욕성이 성립되었다고 해서 모욕죄로 처벌할 수 있는 것이 아니고 모욕죄로 처벌하기 위해서는 공연성과 특정성이 인정되어야 비로소 모욕죄로 처벌할 수 있습니다.

모멸적 표현 내지 비속어를 포함한 댓글을 작성한 행위는 피해자의 인격적 가치에 대한 사회적 평가를 저하시킬 만한 표현에 해당되어야 '모욕성' 이 인정되어 모욕죄가 성립합니다.

온라인 공간에서 발생하는 모욕사건은 비대면성으로 이루어지고 있기 때문에 이로 인하여 특정성이 성립되지 않아 모욕죄로 처벌하지 못하는 경우가 많습니다.

모욕성은 적어도 패륜적인 언행을 듣거나 성희롱적인 발언 또는 피해자의 사회적 평가를 저하시킬만한 추상적 판단이나 경멸적인 표현과 제3자가 들어도 눈살이 찌푸려지는 정도의 모욕이 되어야 합니다.

실례에 의하면 메이플스토리 이용자인 피해자는 게임 도중 “×년”, “×먹는다”, “느금마(느그 엄마)” 같은 욕설을 들었습니다. 이는 패륜적인 언행을 들었고, 성희롱적인 발언과 피해자의 사회적 평가를 저하시킬만한 추상적 판단이나 경멸적인 표현과 누가 들어도 눈살이 찌푸려지는 정도의 모욕이 되기 때문에 ‘모욕성’ 인정됩니다. 피해자는 “게임 속에서 당한 모욕이지만 많은 사람이 모인 자리여서 모욕감을 느껴 고소를 결심” 하고 고소장을 작성해 욕설이 나온 화면을 갈무리하고 관할 경찰서사이버수사대로 갔습니다. 사이버수사대 경찰관은 모욕죄 적용이 힘들다고 고소장을 반려했습니다. 그 이유는 온라인 가상의 게임 속 피해자 ‘아이디(ID)’ 나 닉네임이 현실의 ‘피해자’ 와 동일하다는 점(특정성)을 입증하기 어렵다는 이유였습니다.

인터넷에서 대놓고 "아무개 개새끼" 식으로 특정인물을 욕하더라도 명예훼손죄로 잡혀가지 않는 이유는 그것이 명예훼손죄가 아니라 모욕죄이기 때문(친고죄이므로 고소가 있어야 합니다). 또한 여자를 면전에서 ‘걸레년’ 이라고 까도, 그 여자의 난잡한 이성 관계를(허위사실로서든, 진실한 사실로서든) 그대로 적시 암시하지 않으면 명예훼손죄가 아니라 모욕죄입니다.

모욕은 언어, 태도, 문서, 도화, 공개연설 등 방법에는 제한이 없으나 적어도 사람을 경멸하는 내용의 가치를 포함해야 합니다. 단순한 농담, 불친절, 무례, 건방진 표현은 모욕이 아니고, 침을 뱉거나 빰을 어루만지는 것은 모욕입니다.

모욕죄의 ‘모욕성’ 여부를 판정할 때는 그 모욕의 정도 역시 법원은 아주 강하게 심사하는데, 실무상으로는 쌍욕이 대놓고 들어있지 않는 이상 모욕죄로 인정되기 힘들다고 보면 됩니다. "경멸의 의사 표현" 이 모욕성의 요건이라고 하지만, 실무상으로는 어디를 어떻게 해석해도 경멸의 의사 표현 이외의 의미로 해석할 수 없는 정도의 언어적 또는 비언어적 표현이어야 모욕죄의 '모욕성' 에 해당하는데, 그 정도의 언어적 표현으로서 실무에서 인정하는 기준이 바로 '쌍욕' 이기 때문입니다.

쌍욕을 했어도 그 대상을 직접 지목해서 그 대상의 사회적 평가를 실추시키기 위한 목적이었음이 입증되지 않는다면 단순한 감정표현으로 보아 처벌하지 않는다는 대법원의 판례도 있습니다.

제3자와의 대화에서 피해자를 언급하며 비방한 경우 구성요건 상 이 행위도 당연히 모욕죄로 처벌이 됩니다. 모욕죄는 친고죄이기 때문에 피해자의 고소가 필요하다는 점만 어떻게 해결하면, 즉 뒷담을 깠지만 피해자를 막 바로 지목해서 뒷담을 깠다는 사실이 소문이 퍼지다 못해 뒷담 피해자의 귀에 들어온 경우에서(소문이 뒷담을 까던 사람들의 모임 바깥으로 새나가서 뒷담 피해자의 귀에 들어왔다는 시점에서 이미 공연성을 충족되었습니다) 그 소문을 통해서 자신에 대한 모욕이 있었음을 알게 되었다는 상황을 증거로 첨부해서 고소장을 제출하면 그대로 수사가 진행됩니다. 게다가가 모욕죄의 보호법익이 피해자의 외부적 명예임을 생각하면, 뒷담이 앞담보다 모욕죄로서의 죄질이 높음을 알 수 있습니다.

제3장
사이버모욕죄

제3장/

사이버모욕죄 -

컴퓨터 통신은 네티즌을 탄생시켰지만 사람들은 새로운 환경 속에서 기존에 지켜왔던 도덕률을 쉽게 잊어버리는 경향이 있습니다. 네티즌은 자신의 모든 것이 비트(bit)로 처리되는 디지털화된 세계에서 사용자 번호(ID)라는 두꺼운 가면을 쓰고 평소에는 하지 못하던 행동들을 거리낌 없이 하고 있습니다.

상대방의 얼굴을 보지 않아도 되며 자신의 행위가 다른 사람들의 눈에 띄지 않는다는 점 때문에 탈선의 유혹을 쉽게 받기 마련입니다. 최근 들어 네티즌들이 지켜야 할 '네티켓' 을 확립해야 한다는 목소리가 커지고 있습니다.

사이버모욕죄는 네티즌들이 인터넷을 통한 특정인의 인격을 모욕하는 범죄를 말하는데 정부는 인터넷 상에서 일어나는 모욕범죄가 위험수위에 이르는 등 불법과 무질서가 한계에 이르렀다고 판단, 사이버모욕죄 신설을 검토하고 있으나 아직 사이버모욕죄가 신설되지 않았지만 인터넷 상에서 일어나는 모욕범죄는 모두 형법 제311조 모욕죄에서 처벌합니다.

모욕죄가 성립하기 위해서는 공연성이 있어야 하는데 '공연성' 은 모욕죄의 정의에도 나와 있듯이 공연하게 즉, 다수가 보거나 들을 수 있는 곳에서 모욕의 행위가 이루어져야 합니다.

그래서 피해자와 가해자 단 둘이 있는 곳에서 하는 것은 공연성이 없는 것이므로 모욕죄가 되지 않습니다. 이때 공연성이란 전파가능성, 즉 가해자로부터 이야기를 들은 사람이 그 이야기를 전파할 가능성이 있어야 하는 것을 말합니다. 따라서 모욕죄는 가해자와 피해자 둘 사이에서는 성립될 수 없으며 가해자가 제3자에게 피해자의 모욕하는 말을 하거나 메시지를 전송하는 경우, 가해자가 다수의 사람들이 볼 수 있는 인터넷 공간 등에 피해자의 모욕을 하는 내용의 글을 작성한 경우 모욕죄가 성립됩니다.

또한 가해자, 피해자 이외의 제3자라고 하더라도 공연성(전파가능성)이 인정되지 않는 경우도 있습니다. 즉, 경찰, 검찰, 법원은 실무상 가족, 친척, 아주 친한 친구의 경우, 가해자로부터 피해자의 모욕의 말을 듣더라도 피해자와 매우 가까운 사이인 이들은 이를 전파할 가능성이 없다고 판단하여 공연성(전파가능성)의 성립을 인정하지 않는 경향이 있습니다.

모욕죄가 성립하기 위해서는 특정성이 있어야 하는데 '특정성' 은 모욕의 상대를 특정해서 이야기해야 모욕죄가 성립합니다. 인터넷 상에서의 모욕죄는 바로 이 특성성 때문에 모욕죄가 성립되지 않을 수 있습니다. 단 둘이 휴대전화를 통하면서 욕설을 한 경우나 인터넷 상에서는 대부분 닉네임이나 아이디(ID)만으로 접속하고 활동하는 가상공간이 많기 때문에 특정성이 인정되지 않아 모욕죄로 고소하는 것이 여간 어려운 것이 아닙니다.

그러나 여러 명이 피해자인 상대방의 얼굴이나 알고 있는 상황에서 댓글을 달고 욕설을 하거나 상대의 실명으로 되어있는 아이디(ID)를 지정하며 욕설을 했다면 피해자가 특정된 것으로 인정되기 때문에 모욕죄가 성립하여 모욕죄로 처벌할 수 있습니다.

한편 특정성이란 해당 내용이 누구에 대한 것인지를 가해자로부터 이야기를 들은 사람이 명확하게 인식할 수 있는 것을 말합니다. 이러한 특정성은 모욕죄 고소가 이루어지면 수사기관, 법원에서 가장 먼저 확인하는 성립요건이기도 합니다.

일반적으로 이름, 사진 등을 말하거나 게시한 경우 특정성은 인정될 수 있습니다. 그러나 특정성이란 반드시 피해자의 이름, 사진이 기재되거나 말을 해야 성립되는 것은 아닙니다. 즉, 대법원 판례는 가해자가 피해자의 이름을 기재하지 않더라도 주변 정황을 통하여 해당 내용이 누구에 대한 것인지를 제3자가 인식할 수 있다면 특정성은 성립한다고 판시한 바 있습니다.

인터넷에서 유포되는 악의적인 댓글들에 대하여 인터넷이라는 공간이 사실 법적이 조치를 취한다하더라도 제대로 된 처벌이 이뤄지지 않은 경우가 많았습니다.

이제는 점점 더 모욕하는 수위가 도를 넘어서 누가 봐도 도가 지나칠 정도로 심각한 상태에 이르러 점차적으로 처벌이 강화되고 있는 것도 사실입니다.

인터넷 상에서 일어나는 모욕은 특히 얼굴이 보이지 않는다고 해서 온라인 이라는 특수성 때문에 모욕으로 피해자에게 큰 상처를 준 것이라면 그 정도에 따라 다르겠지만 죄질이 나쁜 경우 실형도 선고받을 수 있습니다.

다른 범죄와는 달리 모욕죄는 사이버공간에서 일어나거나 대면에서 일어난 모욕죄는 즉시 강경한 입장에서 대응해야 더 큰 피해를 줄일 수 있습니다. 모욕이라는 것은 욕설을 해본 사람이 욕설을 하고 툭하면 상대에게 모욕하는 것도 하나의 나쁜 습관입니다.

인터넷 세상이 발전한데 힘입어 요즘은 문자메시지 사용하는 사람들이 대부분이고 SMS 또는 카카오톡 등을 통해 피해가 발생하고 그 피해자로 하여금 죽음으로까지 내몰기도 하는 것이 모욕입니다.

우리 사회에서 흔히 인터넷에서 일어나는 모욕를 인테넷 사이버공간에서 일어는 것이라고 해서 이를 사이버모욕죄라고 부르고 있지만 실제로 사이버모욕죄가 법에 있는 것은 아닙니다.

명예훼손은 사이버명예훼손죄로 정보통신망 이용촉진 및 정보보호 등에 관한 법률 제70조에 명예훼손죄를 두고 일반 명예훼손죄 보다 전파 가능성이 높다는 이유로 가중처벌규정을 두고 있습니다. 명예훼손죄는 모욕죄와 같이 공연성을 성립요건으로 하고 있고 구체적인 사실적시의 경우 명예훼손죄가 되고, 구체적인 사실을 적시하지 않고 외부적 명예를 훼손할 만한 추상적인 가치판단을 표시하는 것은 모욕죄가 성립합니다.

그러므로 온라인에서도 타인을 경멸하거나 비난하는 표현을 해 모욕을 한 경우에도 형법 제311조 공연히 사람을 모욕한 자는 1년 이하의 징역이나 금고 또는 200만 원 이하의 벌금에 처하는 모욕죄와 동일한 법률에 의하여 동일하게 처벌됩니다.

판례에서도 온라인 게시판과 블로그에서 논쟁의 상대방에게 지명도가 없는 하찮은 사람이라는 뜻의 온라인 비속어인 '듣보잡' 이라고 칭한 행위가 모욕죄로 유죄판결 된 반면(대법원 2011. 12. 22. 선고 2010도20130 판결), 골프클럽 관련 구직 사이트에 어느 회원이 "클럽 담당자는 한심하고 불쌍한 인간" 이라는 표현한 것을 게시의 동기, 모욕적 표현 정도와 비중에 비추어 사회 상규에 위배되지 않는 정도의 표현이라며 무죄로 판단하거나(대법원 2008. 7. 10. 선고 2008도1433 판결), 방송사 홈페이지 시청자 의견란에 "그렇게 소중한 자식을 범법 행위의 변명의 방패로 삼으시다니 정말 대단하십니다." 라고 쓴 것이 상당히 모욕적 언사이기는 하나 자신의 의견의 타당함을 강조하는 과정에서 사용된 것으로 사회 상규에 위배되지 않는다며 무죄로 판단되기도 했습니다(대법원 2003. 11. 28. 선고 2003도3972 판결).

즉, 온라인에서 모욕적인 언사를 하게 된 상황과 배경, 경위 등을 고려해 법원은 그러한 표현의 처벌 여부를 결정하고 있습니다.

형법상 모욕죄가 표현의 자유를 제한하는 위헌적인 조항인지에 대해 헌법재판소는 이를 합헌이라고 결정했습니다(헌법재판소 2013. 6. 27. 선고 2012헌바37 결정). 다수의 헌법재판관은 건전한 상식을 가진 일반인이라면 무엇이 모욕적인 표현인지 예측하는 것이 현저히 곤란하지 아니하며 법 집행기관도 자의적으로 해석할 염려가 없어 모욕죄 조항은 명확성의 원칙에 위배되지 않는다고 판단했습니다. 또한 인터넷을 통한 모욕적 표현 행위의 파급 효과를 고려하면 모욕적 표현을 한 자를 처벌하더라도 표현의 자유의 제한으로 볼 수 없다고 합헌 결정을 내렸습니다.

그러나 3인의 헌법재판관은 반대 의견에서 형법상 모욕죄는 구체적인 사회적 해악을 발생시키거나 개인의 명예 감정을 심각하게 침해하는 표현을 넘어 헌법상 보호받아야 할 표현인 단순히 부정적 · 비판적 내용이 담긴 판단과 감정 표현까지 규제할 수 있어 그 범위가 지나치게 넓다고 보았습니다. 더구나 인터넷 시대에는 일반인들이 모욕죄를 저지를 가능성이 급격하게 증가했다는 점도 3인의 위헌 의견에서 지적되었습니다. 사이버공간에서 악의적 표현은 주로 청소년들에 의하여 우발적, 충동적으로 행해지고 있어 이러한 표현을 형벌로 규제하는 것은 불필요한 과다 처분이라는 것이었습니다. 또한 경미한 모욕적 행위는 표현물을 삭제하거나 행위자의 게시판 접근 금지 등 침해가 적은 다른 조치에 의해 그 전파를 차단할 수 있으므로 형사 처분을 자제해야 한다고도 지적했습니다.

다만 실무상 인터넷 공간에서 일어나는 모욕죄의 특정성이 성립되기 위해서는 피해자를 인터넷 상에서만 알고 있는 지인이 가해자의 글을 읽고 그것이 피해자에 대한 내용임을 인식하는 것만으로는 부족하고, 더 나아가 피해자를 인터넷 상에서 뿐 아니라 오프라인에서도 실제로 만나고 연락도 종종 하는 사람들이 피해자에 대한 내용임을 인식하는 것을 필요로 합니다.

이는 피해자의 아이디(ID), 닉네임 자체는 사람이 아니므로 특정성은 피해자의 아이디(ID), 닉네임만을 알고 있는 사람들에 의하여 성립되지 않고, 실제로 오프라인에서 피해자를 만나는 등 자연인으로서의 피해자를 아는 사람들에 의해 특정성은 성립될 수 있다고 보는 것입니다.

인터넷 게시판에서나 디시인사이트 갤러기, 텀플러, 유투브, 네이버 댓글, 게임 그리고 리벤지포르노 등에서 욕설을 하거나 또는 인신공격을 받았을 때 많은 온라인 사이트에서 꼭 익명으로 욕설을 하거나 인신공격하는 그런 못된 사람들이 많습니다.

온라인 공간은 비대면성을 특징으로 하기 때문에 가해자가 어떤 사람인지 알 수 없는 점에서 오프라인 공간에서 발생하는 모욕사건과 구별되며 같은 욕설의 수준이라도 오프라인에서 발생하는 모욕사건과 온라인에서 발생하는 모욕사건은 결과가 다를 수 있습니다.

가해자가 어떤 사람인지 알고 있는 것이 매우 중요합니다. 가해자가 특정되어있지 않다면 인터넷 포털사이트나 게임회사나 특정사이트에 연락해서 가해자의 인적사항을 알아내야 하는데 이것은 개인정보보호법에 의하여 엄격하게 다뤄지기 때문에 법원의 영장 없이는 가해자의 인적사항을 알아낼 수 없습니다.

영장은 사법경찰관이 검사에게 영장을 신청하면 검사는 관할 지방법원 판사에게 영장발부를 신청하고 판사는 모욕의 정도와 증거자료를 고려하여 영장발부를 결정하는데 이때 증거자료가 부족하거나 가해자의 욕설정도가 경미하다면 영장발부는 각하되고 사건은 가해자의 인적사항을 확인할 수 없기 때문에 그대로 수사 종결됩니다.

수사관의 입장에서는 경미한 욕설에 대해서는 영장이 각하되고 수사 종결되는데 괜히 헛수고하게 생겼다고 생각하게 됩니다.

대법원 판례는 어떠한 표현이 거칠고 무례하여 상대방에게 불쾌감을 야기하였더라도 그 내용이 그 상대방에 대한 사회적 평가를 저하시킬 만한 것이 아니라면 모욕이라고 할 수 없다고 판시하고 있습니다.

위 판례에 의하면 실제로 '나이 처먹은게 무슨 자랑이냐' 라는 표현은 단순히 불쾌감을 야기하는 수준으로 보아 모욕성을 부정하였습니다.

대법원은 '모욕성에서 모욕이란 사람의 사회적 평가를 저하시킬만한 추상적 판단이나 경멸적인 표현' 이라고 밝혔습니다. 사람의 사회적 평가를 저하시킬만한 경멸적인 표현의 대표적인 예로는 욕설입니다. 법원은 '그 개×새끼' , '미친×새끼' 등의 표현을 모욕죄의 모욕성으로 인정하였고 '뚱뚱해서 돼지 같은 것' 의 표현 또한 모욕적인 표현으로 인정하였는데 이는 어디까지나 오프라인에서 발생하는 모욕사건에서 인정된 것입니다.

그러나 온라인에서 발생하는 모욕사건의 경우 영장발부가 필요한데 이러한 정도의 모욕적인 표현으로는 영장발부가 되지 않습니다. 온라인에게 '병신' , 'ㅊㅋㅊㅋㅊㅋ' , '나쁜자슥' , '개같은 놈' 등의 욕설을 들었다고 해서 고소를 하였더라도 가해자의 인적사항에 대한 영장발부가 되지 않아 그대로 수사종결이 될 수밖에 없습니다.

가해자를 알지 못하더라도 영장발부조차 되지 않고 모욕죄 사건이 종결된다는 게 이해가 안 될 수 있습니다. 대검찰청에서 발표한 '인터넷 악성댓글 처리방안' 에 의하면 모욕죄의 혐의가 인정되더라도 고소남발로 판단되는 경우 조사 없이 각하처리 한다는 내용이 있는데 이는 합의금을 노린 고소나 경미한 욕설 등을 고소남발로 보고 있기 때문입니다.

온라인 공간에서 발생하는 모욕사건의 가해자를 특정하고 최종적으로 처벌하기 위해서는 누가 들어도 정말 눈살이 찌푸려지는 정도의 모욕이 되어야 합니다.

예를 들어 가해자가 부모님을 언급하는 패륜적인 언행을 하거나 또 성적인 발언을 하면서 성희롱을 하거나, 피해자의 신체를 언급하고 모멸감을 주는 언행들은 모욕죄로 고소하여 처벌할 수 있습니다.

따라서 온라인 공간에서 모욕죄의 모욕성이 인정되기 위해서는 적어도 패륜적인 언행을 듣거나 성희롱적인 발언을 들어야만 가능합니다.

이러한 모욕이 모욕성이 성립되었다고 해서 모욕죄로 처벌할 수 있는 것이 아니고 모욕죄로 처벌하기 위해서는 공연성과 특정성이 인정되어야 비로소 모욕죄로 처벌할 수 있습니다.

모멸적 표현 내지 비속어를 포함한 댓글을 작성한 행위는 피해자의 인격적 가치에 대한 사회적 평가를 저하시킬 만한 표현에 해당되어 모욕죄가 성립합니다.

온라인 공간에서 발생하는 모욕사건은 비대면성으로 이루어지고 있기 때문에 이로 인하여 특정성이 성립되지 않아 모욕죄로 처벌하지 못하는 경우가 많습니다.

예를 들어 친구나 선배 또는 지인과 게임을 하던 중 욕설을 들으면 특정성이 성립되고 온라인 게임 롤이나 배틀 그라운드 같은 게임은 불특정 다수가 모여 게임을 하기 때문에 공연성이 성립되고 상대방이 욕설을 했으니 모욕성이 성립되어 모욕죄가 성립합니다.

그러므로 모욕죄가 성립되기 위해서는 위 3가지의 성립요건이 동시에 충족돼야 성립합니다.

공연성은 피해자가 모욕을 당하는 장면을 불특정한 제3자가 목격한 경우에 성립하고, 특정성은 모욕을 당하는 피해자가 어떤 사람인지 어디에 사는 누구인지 제3자 같이 게임을 하는 사람이 인식할 수 있을 경우에 성립하고 모욕성은 적어도 패륜적인 언행을 듣거나 성희롱적인 발언 또는 피해자의 사회적 평가를 저하시킬만한 추상적 판단이나 경멸적인 표현과 눈살이 찌푸려지는 정도의 모욕이 되어야 성립합니다.

온라인 게임 상에서는 무조건 공연성은 성립합니다. 또 목격한 제3자가 피해자와 어떤 관계에 있는지에 따라 성립여부가 결정되며 그 제3자는 친구, 지인, 모르는 타인으로 나눌 수 있는데 친구와 지인은 특정한 제3자이고, 모르는 타인은 불특정한 제3자입니다. 대법원은 제3자가 특정한 경우 그 숫자가 다수일 경우에만 공연성을 인정하고 제3자가 불특정한 경우 그 숫자가 소수이더라도 공연성을 인정하고 있으므로 말하자면 친구나 지인은 특정한 제3자이므로 그 숫자가 다수인 경우에만 공연성이 인정되므로 온라인 게임을 할 경우 공연성은 부정되며, 모르는 타인은 불특정 제3자이므로 그 숫자가 소수일 경우에도 공연성이 인정됩니다.

모욕죄의 공연성에 있어 특정은 피해자와 제3자가 친분이 있는 경우 특정하다고 보고 있으며, 불특정은 피해자와 제3자가 친분이 없는 경우 불특정하다고 보고 있습니다.

게시글이나 댓글로 모욕적인 언행을 당했을 때에는 이를 목격하는 제3자가 다수인이므로 제3자가 피해자와 친분이 있거나 친분이 없어도 상관없이 공연성은 성립되고 게임을 하는 도중 모욕적인 안행을 당했을 때에는 이를 목격하는 제3자가 소수 인이므로 제3자가 피해자와 친분이 없는 불특정의 경우에만 공연성이 성립됩니다. 이는 특정한지 불특정한지를 친분으로 구분하는 것은 전파가능성을 판단하기 위함입니다.

결론적으로 친구나 지인은 특정성은 성립되지만 전파가능성이 없기 때문에 공연성은 부정됩니다. 모르는 제3자는 전파가능성이 있기 때문에 공연성은 성립하지만 특정성이 부정됩니다. 말하자면 게임 상에서 일어난 모욕은 공연성이 인정되려면 같이 게임을 한 사람이 다른 사람에게 전파할 수 있음을 입증해야 합니다. 피해자와 친분이 없어 피해자가 모욕당한 사실을 전파할 가능성이 있다는 것을 주장해야 합니다. 게임에서 공연성이 성립하기 위해서는 제3자는 피해자와 친분이 없어야 합니다.

모르는 사람들은 친구와 선배와 지인들과 온라인 게임을 하였으므로 당연 피해자의 인적사항을 알고 있기 때문에 특정성이 성립되므로 모욕죄가 성립하여 처벌할 수 있다고 주장합니다. 그러나 친구나 선배나 지인들은 피해자가 어디에 사는 누구인지 알고 있기 때문에 모욕죄에 있어 특정성은 성립될 수 있으나 지인들이 그 모욕에 대하여 제3자 또는 불특정 다수인에게 전파할 가능성이 없기 때문에 공연성이 인정되지 않아 모욕죄로 처벌할 수 없습니다.

제1절/

전화 · 휴대전화 문자메시지 모욕 -

휴대전화는 차량전화와 같은 원리에 의해 무선으로 접속, 통화하는 전화로 이동통신서비스 지역의 넓은 무선전화 에어리어를 사람이 전화기를 휴대하여 이동하면서 사용할 수 있는 전화로 가정이나 사무실까지 연결돼 있는 일반 가입자 전화기와 무선으로 접속, 한정된 구내 또는 옥내에서만 이동하면서 무선 송수화기로 접속, 그 전화기를 통해 다른 전화기와 통화가 가능하며 전화번호도 현재 사용하고 있는 번호 그대로 사용하고 있습니다.

휴대전화 또는 문자메시지는 이동통신 에어리어 내를 임의로 이동하면서 기지국을 통해 고정망의 일반 전화가입자 또는 다른 이동통신 전화기와 전화 통화가 가능하고 전화 또는 문자메시지를 무제한으로 사용할 수 있는 요금제의 경우 문자메시지를 이용한 모욕이 많이 발생하고 있으나 대부분 단 둘이 일어난 것이라면 공연성이 성립되지 않아 모욕죄로 처벌할 수 없습니다.

그러므로 전화 · 휴대전화 문자메시지 모욕은 공연성이 인정되어야 합니다. 공연성은 피해자에게 모욕을 한 사실을 제3자 등이 목격했을 때 비로소 인정되는 것입니다. 대법원의 판례에 의하면 '불특정 또는 다수인이 인식할 수 있는 상태' 라고 밝히고 있습니다.

이는 제3자가 불특정한 경우 그 숫자가 다수이건 소수이건 상관이 없다는 것이며, 제3자가 다수인 경우 그 특정이 불특정이건 특정이건 상관이 없다는 의미이며, 제3자가 불특정할 경우 그 숫자가 다수이건 소수이건 상관없이 공연성이 인정되고, 제3자의 숫자가 다수인 경우 그 특성이 불특정이건 북정이건 상관없이 공연성이 인정된다는 것입니다.

여기서 특정은 친분이 있는 사람을 말하고, 불특정은 친분이 없는 사람 제3자를 말하는데 대법원은 전파가능성을 기준으로 하는데 모욕을 당한 내용이 다수의 사람들에게 전파될 가능성이 있느냐에 중점을 두고 있습니다. 전파가능성이 있다면 공연성이 인정되고 전파가능성이 없다면 공연성은 부정된다는 것입니다.

'공연성' 은 모욕죄의 정의에도 나와 있듯이 공연하게 즉, 다수가 보거나 들을 수 있는 곳에서 모욕의 행위가 이루어져야 합니다. 그래서 피해자와 가해자 단 둘이 전화나 휴대전화 또는 문자메시지 모욕은 공연성이 없으므로 모욕죄가 성립되지 않습니다.

문자메시지 모욕은 가해자, 피해자 이외의 제3자라고 하더라도 공연성이 인정되지 않는 경우도 있습니다. 즉, 경찰, 검찰, 법원은 실무상 가족, 친척, 아주 친한 친구의 경우, 가해자로부터 피해자의 모욕의 말을 듣더라도 피해자와 매우 가까운 사이인 이들은 이를 전파할 가능성이 없다고 판단하여 공연성(전파가능성)의 성립을 인정하지 않습니다.

또, 공연성이 인정되려면 다른 사람들이 가해자와 피해자의 일을 다른 곳에 알릴 가능성, 말하자면 전파가능성이 있어야 합니다.

하지만 1:1 채팅, 쪽지 등으로 모욕했을 경우 주변에 목격자가 없으니 전파가능성이 없고, 그래서 공연성이 성립하지 않아 모욕죄가 적용되지 않습니다.

가, 형법 제311조 모욕죄 처벌 -

전화·휴대전화 또는 문자메시지로 그 상대방이 된 사람으로 하여금 폐륜적인 언행을 하거나 성희롱적인 발언 또는 피해자의 사회적 평가를 저하시킬만한 추상적 판단이나 경멸적인 표현으로 눈살이 찌푸려지는 정도의 모욕을 한 경우 공연성이 인정되는 경우 형법 제311조 모욕죄에 의하여 처벌할 수 있습니다.

나, 정보통신망 이용촉진 및 정보보호 등에 관한 법률 제74조 제1항 제3호위반 처벌 -

전화·휴대전화 문자메시지 모욕행위가 공연성과 특정성이 없는 경우 모욕죄로 처벌할 수 없으나, 정보통신망 이용촉진 및 정보보호 등에 관한 법률 제74조 제1항 제3호(정보통신망법 제44조의7 제1항 제3호를 위반하여 공포심이나 불안감을 유발하는 부호·문언·음향·화상 또는 영상을 반복적으로 상대방에게 도달하게 한 자를 처벌)이 적용되는 경우 1년 이하의 징역 또는 1,000만 원 이하의 벌금으로 처벌할 수 있습니다.

다, 경범죄처벌법위반 처벌 -

전화·휴대전화 문자메시지 모욕이 불안감을 유발하는 부호·문언·음향·화상 또는 영상을 반복적으로 상대방에게 도달하게 하지 않아 정보통신망 이용촉진 및 정보보호 등에 관한 법률 제74조 제1항 제3호에 의하여 처벌할 수 없는 경우에는 경범죄처벌법 제3조 제1항 제40호(장난전화 등)에 의하여 '정당한 사유 없이 다른 사람에게 전화 휴대전화·문자메시지·편지·전자우편·전자문서 등을 여러 차례 되풀이하여 괴롭힌 사람' 에 의하여 고소하시면 10만 원 이하의 벌금, 구류 또는 과료(科料)의 형으로 처벌할 수 있습니다.

경범죄처벌법 제1조 제24호는 "정당한 이유 없이 길을 막거나 시비를 걸거나 주위에 모여들거나 뒤따르거나 또는 몹시 거칠게 겁을 주는 말 또는 행동으로 다른 사람을 불안하게 하거나 귀찮고 불쾌하게 한 사람" 을 벌하도록 규정하고 있는바, 정당한 이유 없이 다른 사람의 뒤를 따르는 등의 행위가 위 조항의 처벌대상이 되려면 단순히 뒤를 따르는 등의 행위를 하였다는 것만으로는 부족하고 그러한 행위로 인하여 상대방이 불안감(마음이 편하지 아니하고 조마조마한 느낌, 불안감은 불면증으로 이어지기도 합니다. 불안하고 초조한 마음이 가라앉지 않아서 잠을 이루기 어려울 정도) 이나 귀찮고 불쾌한 감정을 느끼거나 객관적으로 보아 그러한 감정을 느끼게 할 정도의 것이면 경범죄처벌법으로 고소하여 처벌할 수 있습니다.

제2절/

카카오톡 문자메시지 모욕 -

카카오톡은 전화번호나 카카오 계정의 두 가지를 기반으로 계정과 주소록을 관리하고 휴대폰에 카카오톡 설치 시 사용자의 연락처 목록을 기반으로 친구를 찾고 이를 친구로 등록을 할 수 있으며, 카카오게임, 소셜 네트워크 서비스 카카오스토리, 내비게이션 애플리케이션 등을 연동하여 특별한 가입 없이 이용할 수 있는 정보통신망을 '카카오톡' 이라 합니다.

카카오톡은 와이파이 기반으로 무제한 통화기능과 문자메시지 등을 무제한으로 제공하기 때문에 많은 사람들이 요금이 들어가지 않는다는 이유로 상대방에게 폐륜적인 언행을 하거나 성희롱적인 발언 또는 피해자의 사회적 평가를 저하시킬만한 추상적 판단이나 경멸적인 표현으로 누가 봐도 눈살이 찌푸려지는 정도의 모욕이 만연히 일어나고 있습니다.

카카오톡 문자메시지로 그 상대방이 된 사람으로 하여금 폐륜적인 언행을 하거나 성희롱적인 발언 또는 피해자의 사회적 평가를 저하시킬만한 추상적 판단이나 경멸적인 표현으로 눈살이 찌푸려지는 정도의 모욕을 하고 공연성이 인정되고 특정성이 인정되는 경우 형법 제311조 모욕죄에 의하여 처벌할 수 있습니다.

실례로 피의자는 자신의 카카오스토리에 고소인의 가족사진 등을 올리며 해시태그를 달고 '찌질하네 하는짓이 ‘ , ’ 찌찔한 놈들 ‘, ’ 꼬라지 ‘, ’ 신혼_이란다ㅋㅋ ‘, ’ 카톡훔쳐보기 ‘, ’ 꼴깝을 떨어요 ‘, ’ 육갑' 등의 내용을 담은 글을 게시한 것은 모욕에 해당합니다.

피의자와 피해자, 피해자의 남편을 알고 있는 사람이라면 이 글을 보고 피해자를 당연히 떠올릴 것으로 보이므로 공연성 또한 성립합니다.

다른 사람이 '메갈 김치녀' 라며 페이스 북에 올린 사진에 피고소인이 동조하며 사진 속 인물을 비방하는 댓글을 달고 모욕한 것도 모욕이 인정됩니다.

'김치녀 시즌2' 라는 대화 명을 사용하는 누리 꾼은 자신의 페이스 북에 '메갈 김치녀' 라는 글과 함께 고소인이 언론과 인터뷰하는 사진과 상의를 벗고 시위하는 사진, 경찰과 실랑이하는 사진 등을 게시했습니다. 피고소인은 여기에 '돼지파오후X', '저X 체포하는 경찰들이 더 불쌍' 이라는 댓글을 달았습니다. 피고소인은 ○○○○. ○○. ○○. '유머저장소' 라는 대화 명을 사용하는 페이스북 이용자가 고소인의 인터뷰 사진과 시위 사진 등을 올리자 여기에 '메친X, 메갈돈육녀 등극' 등의 댓글을 달은 것은 모욕에 해당합니다.

피고소인이 고소인에 대하여 모멸적 표현 내지 비속어를 포함한 댓글 작성은 고소인의 인격권을 침해하는 모욕에 해당합니다.

또한 수백여 명이 참여하고 있는 동호회 카카오톡 단체 대화방에서 여성과 말다툼을 벌이다 피고소인이 '워마드', '메갈리아', '보슬아치' 등의 단어를 운운한 것은 모욕죄에 해당합니다.

아파트 주민자치회 단체 카카오톡 대화방에서 피고소인이 고소인을 지칭하면서 ‘미친년’, ‘멍청한 년’, ‘개쌍’, ‘더러운 냄새난다’ 등의 단어를 사용한 것 또한 모욕죄에 해당합니다.

피고소인은 ○○○○. ○○. ○○. ○○:○○경 ○○○동호회 회원 700여명이 참여한 단 톡 방에서 말다툼하던 고소인을 상대로 "돼지 쿵

구녕이 하는 짓을 보면 잘 봐줘야 '보슬아치', 좀 심하면 '메갈리아' 좀 더 나가면 '워마드' 에 속한다는 게 내 생각임" 이라는 메시지를 올리는 등 총 14회에 걸쳐 모욕하였습니다. 특히 '보슬아치' 는 여성의 성기를 지칭하는 비속어와 '벼슬아치' 를 합성한 신조어이다. '메갈리아' 나 '워마드' 는 남성 혐오 내용이 주로 게시되는 인터넷 웹사이트나 인터넷 커뮤니티 카페를 말하는 것입니다. 따라서 피고소인의 "보슬아치나 메갈리아, 워마드는 여성을 폄하하고 경멸하는 단어로, 고소인을 상대로 경멸감이나 수치심을 유발할 수 있는 단어를 게시하였으므로 이는 모욕죄가 성립합니다.

피고소인은 함께 원격 대학 교육을 받는 ○○여명이 참여하고 있는 카카오톡 단체 채팅방에서 스터디모임의 회장인 고소인에게 회계부정 의혹에 대해 해명할 것을 요구하며 말다툼을 벌였고 이 과정에서 "무식이 하늘을 찌르네", "눈은 장식품이야?" 등의 말을 올려 고소인을 모욕한 것입니다.

피고소인은 고소인의 사회적 평가를 저하시킬만한 경멸적인 감정을 표현했을 뿐만 아니라 이 표현이 단체 카카오톡 채팅방 내 다른 대화자에게도 전파돼 공연성이 인정되므로 모욕죄가 성립합니다.

이는 피고소인이 고소인에게 모임 회계에 대한 해명을 요구하는 과정에서 모욕적인 비하발언의 글을 올렸다고 해도 피고소인의 행위는 상식에 어긋나므로 모욕죄가 성립합니다.

전체적인 맥락과 취지를 고려했을 때 고소인을 상대로 경멸감과 수치심을 유발할 수 있는 말을 게시한 것이며 단순히 피해자에게 분노의 감정을 표출하거나 무례하고 저속한 표현을 쓴 정도에 그친 것으로 평가하기 어렵기 때문에 모욕죄가 위 실례는 모욕죄가 성립합니다.

가, 형법 제311조 모욕죄 처벌 -

카카오톡 문자메시지로 그 상대방이 된 사람으로 하여금 폐륜적인 언행을 하거나 성희롱적인 발언 또는 피해자의 사회적 평가를 저하시킬 만한 추상적 판단이나 경멸적인 표현으로 눈살이 찌푸려지는 정도의 모욕을 하고 공연성이 있고 특정성이 성립하는 경우 형법 제311조 모욕죄에 의하여 처벌할 수 있습니다.

나, 정보통신망 이용촉진 및 정보보호 등에 관한 법률위반 처벌 -

카카오톡 문자메시지 모욕행위가 공연성과 특정성이 없는 경우 모욕죄로 처벌할 수 없으므로 정보통신망 이용촉진 및 정보보호 등에 관한 법률 제74조 제1항 제3호(정보통신망법 제44조의7 제1항 제3호를 위반하여 공포심이나 불안감을 유발하는 부호 · 문언 · 음향 · 화상 또는 영상을 반복적으로 상대방에게 도달하게 한 자를 처벌)이 적용되는 경우 1년 이하의 징역 또는 1,000만 원 이하의 벌금으로 처벌할 수 있습니다.

다, 경범죄처벌법위반 처벌 -

카카오톡 문자메시지에 대한 공연성과 특정성이 없어서 처벌할 수 없는 경우 불안감을 유발하는 부호 · 문언 · 음향 · 화상 또는 영상을 반복적으로 상대방에게 도달하게 하지 않아 정보통신망 이용촉진 및 정보보호 등에 관한 법률 제74조 제1항 제3호에 의하여 처벌할 수 없는 경우라면 경범죄처벌법 제3조 제1항 제40호(장난전화 등)에 의하여 '정당한 사유 없이 다른 사람에게 전화 휴대전화 · 문자메시지 · 편지 · 전자우편 · 전자문서 등을 여러 차례 되풀이하여 괴롭힌 사람'에 의하여 고소하시면 10만 원 이하의 벌금, 구류 또는 과료(科料)의 형으로 처벌할 수 있습니다.

제3절/

인터넷 게임 상에서 모욕 -

디지털, 인터넷 시대의 사이버 공간에서의 건전한 토론과 비판은 대단히 중요하고 또한 존중 되어야 합니다. 그러나 근거 없는 내용으로 상대방의 인권을 침해하고 인격을 모독하는 모욕이나 악성댓글들은 막상 피해를 당하는 당사자에게는 극심한 정신적인 고통을 주고, 경우에 따라 생명까지도 내던지게 만듭니다.

대화는 주거나 받지만 욕심은 욕심을 부르고 욕설도 해본 사람이 욕설을 하고 말끝마다 욕을 하는 것은 하나의 나쁜 습관입니다. 모욕의 방법에는 제한이 없습니다. 상대를 모욕한다. 라는 내용의 가치를 가지고 있어야만 합니다. 구체적 사실의 적시가 아닌 추상적 사실, 가치 판단의 표시는 모욕에 해당합니다.

모욕은 언어, 태도, 문서, 도화, 공개연설 등 방법에는 제한이 없으나 적어도 사람을 경멸하는 내용의 가치를 포함해야만 합니다. 단순한 농담, 불친절, 무례, 건방진 표현은 모욕이 아니고, 침을 뱉거나 뺨을 어루만지는 것은 모욕입니다.

모욕죄의 모욕성 여부를 판정할 때는 그 모욕의 정도 역시 법원은 아주 강하게 심사하는데, 실무상으로는 쌍욕이 대놓고 들어있지 않는 이상 모욕죄로 인정되기 힘들다고 보면 됩니다. "경멸의 의사 표현" 이 모욕성의 요건이라고 하지만, 실무상으로는 어디를 어떻게 해석해도 경멸의 의사 표현 이외의 의미로 해석할 수 없는 정도의 언어적 또는 비언어적 표현이어야 모욕죄의 모욕성에 해당하는데, 그 정도의 언어적 표현으로서 실무에서 인정하는 기준이 바로 쌍욕이기 때문입니다.

인터넷 상에서 타인을 모욕하면 형법 제311조 모욕죄로 처벌받으며 인터넷상에서 명예훼손은 정보통신망 이용촉진 및 정보보호 등에 관한 법률 제70조 명예훼손죄에 의거하여 처벌받습니다.

인터넷 게임 상에서 실명에 대고 욕을 하면 형법 제311조 모욕죄로 처벌을 받지만 인터넷상의 아이디(ID) 또는 닉네임에 욕을 할지라도 모욕죄가 되기 힘듭니다.

가령 인터넷 포털사이트 게임 상에서 ○○이라는 아이디(ID)를 쓰는 ○○○씨에게 ◎◎이라는 아이디(ID)를 쓰는 ◎◎◎씨가 댓글 창으로 이런 나쁜 개새끼 같은 놈이라며 모욕감을 주는 폭언을 퍼붓는다 할지라도 그걸 모욕죄로 고소하기는 어렵습니다.

이러한 법의 맹점을 이용해서 상대방의 아이디(ID)만 거명해 의도적으로 악플을 달고 패드립을 치는 얌체들도 수두룩합니다.

그러나 만약 해당 사이트의 공개적인 게시판 등에서 해당 아이디(ID)로 신상정보를 공개한 적이 있는 경우, 혹은 해당 아이디(ID)의 회원정보 등에서 트위터 같은 SNS 등 피해자의 구체적인 신상정보를 알 수 있는 곳을 링크를 걸거나 해서 불특정 다수가 그 사이트의 해당 아이디(ID)에 대해 조금만 뒷조사를 해봐도 해당 아이디(ID)를 사용하는 사람의 신상을 쉽게 알 수 있는 경우 특정성이 인정되어 모욕죄가 성립하고 모욕죄로 처벌할 수 있습니다.

판례를 보면 피해자와 가해자가 인터넷 상에서 언쟁을 벌이거나 게임 상에서 자신의 나이와 실명을 밝혔음에도 불구하고 가해자가 계속 '꼬맹이', '야 역겹다'라고 비방을 하여 대법원에서 모욕죄로 판결이 난 것도 있습니다.

실명을 거론하지 않고 비방하는 내용의 댓글을 인터넷 기사에 단 것 역시 모욕죄에 해당한다는 법원 판단이 나왔습니다. 실명이 거론되지 않더라도 주변 사람들이 기사에 나온 사람과 댓글의 상대방이 누군지 쉽게 알아차릴 수만 있어도 특정성이 성립된다고 판단했습니다.

만약 자신이 유명 블로그를 운영한다거나 해서 아이디(ID) 등으로 이미 정체를 인식하고, 누군지 알 수 있을 정도라면 모욕죄로 고소할 수 있습니다. 또한 굳이 실명을 거론하지 않더라도 누군지 알 수 있을 정도의 행위로 돌려 말하더라도 처벌할 수 있습니다. 하지만 자신이 네이버 뉴스 창에 댓글 쓰는 평범한 네티즌이라면, 이처럼 누군지도 알 수 없는 자신의 아이디(ID)에 대고 모욕을 한다거나 하는 정도로는 모욕죄가 안 됩니다.

그럼에도 불구하고 아이디(ID)나 닉네임에 대한 단 1회의 악플도 충분히 모욕죄로 고소 가능하다고 떠드는 경우가 잦은데 이건 그냥 모욕죄의 성립요건을 모르고 하는 말이지 아이디(ID)나 닉네임 갖고 모욕죄 고소는 안 됩니다.

인터넷 게임 상에서 일어난 모욕죄로 고소만 하면 경찰이 다 알아서 해주겠지 하고 충분히 준비하지 않은 채 무턱대고 모욕죄로 고소했다가 증거불충분으로 기각 당하기 십상입니다.

인터넷 상에서 일어나는 모욕죄는 특히나 상황이 애매한 경우가 너무나 많습니다. 해석이 양 쪽으로 다 가능한 경우가 많아서 비슷해 보이는 판례가 있더라도 똑같이 적용이 안 될 수도 있습니다.

인터넷 게임 상에서 모욕을 당하고 고소장을 작성하기 막막하고 증거자료도 부족한 상황에서 인터넷에 접속하여 경찰청 사이버 수사대에 온라인으로 모욕죄 사건을 접수시키는 사람들이 많은데 인터넷으로 접수하면 '접수' 라고는 뜨지만 이것은 말 그대로 신고를 접수했다는 의미일 뿐이지 모욕죄 사건으로 취급해 조사를 시작했다는 의미가 아닙니다.

그리고 수사기관에서 접수되었다고 떴다고 해서 다됐다는 생각으로 신이 나서 피고소인한테 그 접수증을 스크린 샷을 찍어 보여주며 "야 너 이 개새끼 너 이제 구속됐다. 너 ×됐다." 라는 식으로 마구 입에 담을 수 없는 욕설을 하는 경우가 상당히 많은데 먼저 고발했다고 경찰에서 욕설을 눈감아주는 것이 절대 아닙니다.

엄연히 피고소인도 모욕으로부터 보호 받을 권리가 있는 인간이기 때문에 이렇게 되면 맞고소 당할 확률이 누가 봐도 100%고 쌍방 모욕으로 수사가 진행되면 각 사건은 평행선을 가는 사건이 되고 이렇게 되면 두 사람 다 망하는 것입니다.

인터넷 게임 상에서 일어난 모욕죄는 쌍욕이 아니거나 심각한 수준이 아니거나 공연성이 없고 특정성이 없는 것이면 경찰서에서 고소장이 반려되는 확률이 아주 높습니다. 어찌 보면 고소만 되고 기소는 안 되거나 기소가 되더라도 무죄판결을 받는 경우가 상당히 많습니다. 아니면 가해자가 피해자에게 전화로 사과를 받거나 합의를 보는 것 등으로 끝날 수도 있고 합의를 거절할 경우 상습범(처벌받은 전력)이 아니라면 거의 기소유예 처리되어 법원까지 올라가지도 않고 검찰에서 끝날 수도 있습니다.

인터넷 게임 상에서 일어난 모욕죄의 경우 욕설을 하고 고소당하는 사람보다 욕설을 당하고 고소를 하는 사람이 더 많고 하물며 수십 건의 모욕죄 로 고소하고 합의금을 뜯어낼 목적으로 접수해 놓고 있는 사람이 많은데 이는 엄연히 범죄입니다.

인터넷 게임 상에서 일어난 모욕죄의 기준이나 성립요건을 잘 모르는 사람들이 많기 때문에 무턱대고 고소하는 바람에 바쁜 경찰관이 사건 하나하나를 모두 들으면서 반려시키는 것도 굉장히 어렵습니다.

한편 인터넷 게임 상에서 일어난 모욕에 대하여 고소하려면 우선 그 모욕에 대하여 공연성은 있는지 또 특정성은 있는지 면밀히 따져보고 여러 명이 팀이 되어 게임을 하였기 때문에 공연성은 인정되지만 아이디(ID)나 닉네임만 오픈된 상태에서는 특정성이 인정되지 않기 때문에 특정성에 대해서는 꼭 상대방을 모욕죄로 고소하여 처벌시키려면 그 때부터 어디에 사는 누구라고 이름과 주소와 휴대전화를 밝히고 상대방에게 모욕을 하지 말 것을 고지하여야 하고 그래도 계속 모욕을 할 경우 피해자가 인적사항을 밝힌 그때부터 특정성이 인정되어 모욕죄로 고소하면 처벌시킬 수 있습니다.

그래서인지 누군가 당신을 모욕한다면 본인의 이름과 주소, 전화번호 등을 바로 공개하여 피해자 특정성을 만들면 됩니다.

다만, 피해자 특정성이 인정되지 않는 경우도 있습니다. 예를 들어, 전체 채팅창에서 플레이어 A가 플레이어 B를 모욕하는 상황에서, 플레이어 B가 자신의 신상 정보를 밝혔다고 합시다. 여기서 플레이어 A와 플레이어 B를 바라보는 다른 플레이어 입장에서는 플레이어 B가 이야기한 신상 정보가 정말 플레이어 B를 나타내는 정보라고 확신할 수는 없습니다. 왜냐면 플레이어 B가 거짓 정보를 이야기하고 있을 가능성도 있기 때문입니다.

그래서 동일한 상황이라도 피해자 특정성이 성립된 것으로 보고 수사를 진행하는 사례가 있는가 하면, 피해자 특정성이 성립되지 않은 것으로 보고 수사 진행을 하지 않는 사례들도 많습니다.

모욕죄로 처벌하기 위해서는 당사자 특정성이 필요하다는 것을 아는 피해자들은 일부러 신상 정보를 노출하기도 합니다.

인터넷 게임 등에서 욕설을 하거나 또는 인신공격을 받았을 때 많은 온라인 사이트에서 꼭 익명으로 욕설을 하거나 인신공격하는 그런 못된 사람들이 많습니다.

그런 못된 사람들을 고소하려고 하면 과거에는 아이디(ID) 또는 닉네임 등만 고소장에 기재하여 고소하면 수사기관에서 알아서 범인의 인적사항을 추적하여 범인이 누군지 알 수 있었는데 이제는 수사기관에서 사건이 워낙 폭주하다시피 하여 일일이 다 추적 수사할 수 없기 때문에 고소하려면 고소인이 상대방이 누군지 정확히 알아내고 고소해야 합니다.

인터넷 게임 등에서 일어난 모욕을 고소하기 전 범인의 아이디(ID)나 닉네임 등으로 범인이 누군지 알아내려면 방송통신심의위원회 권익보호국 사이트 http://remedy.kocsc.or.kr/ddmsIndex.do 에서 인터넷피해구제 창에서 이용자 정보공개청구를 절차를 이용하시면 누구나 쉽게 상대방(가해자)을 알아낼 수 있습니다.

국가기관에서 확인해 주는 상대방의 아이디 또는 닉네임의 정보를 활용하는 것이 신뢰성 측면에서 월등히 좋습니다.

피해자가 권리침해를 당한 정보의 구체적인 위치(URL)와 그 위치가 표시된 캡처화면 원본을 제출하여야 합니다.

내용의 일부분만 제출하면 정보의 위치를 알 수 없어 증거자료로 사용하기 어렵기 때문에 예를 들어 모바일은 위치(URL)가 표시되지 않는 경우가 대부분이므로 반드시 URL 주소가 나오도록 PC화면으로 캡처해 제출하여야만 상대방의 정보를 알아낼 수 있습니다.

인터넷 포털사이트 마다 IP를 저장하는 기간이 있으므로 기간이 지났는지의 여부는 통상 각 해당 사이트의 이용 약관에서도 확인이 가능하며, 3개월에서 6개월인 이 기간을 놓치면 상대방을 특정하기 어려울 수 있으니 주의해야 합니다.

해외의 사이트인 경우 위와 같은 방법으로 상대방을 알아낼 수 없다고 보셔야 합니다. 이러한 경우에는 수사기관에서 별도로 문의하여 알아보셔야 합니다.

방송통신심의위원회 인터넷 피해구제 명예훼손 분쟁조정을 활용하면 해당 정보의 삭제 또는 부분삭제, 금전적 손해배상, 사과, 재발방지 약속 등 다양한 해결방법이 있습니다.

말하자면 고소까지 가서 번거롭게 할 필요 없이 글을 쓴 사람이나 욕설을 한 사람 등을 귀찮게 해서 사과 받고 싶을 때 활용하는 것이 좋습니다.

또 사안에 따라 권익침해 상담을 활용하면 관련 사이트 접근금지 및 자료의 삭제 요청이 가능합니다. 1차적으로 방송통신심의위원회 권익보호국 홈페이지에서 활용하시면 대부분 1개월에서 2개월 정도가 처리기간이 소요되며, 번거로움도 없이 사과도 받고 합의금도 받고 해당 정보도 삭제할 수 있습니다.

제4장
정보통신망 이용촉진 및 정보보호 등에 관한 법률위반

제4장/

정보통신망 이용촉진 및 정보보호 등에 관한 법률위반 -

회의 중이거나 중요한 대화 때문에 (1)전화를 받을 수 없는 사람에게 메시지를 전하고 싶을 때, (2)말로 하기엔 쑥스러운 이야기를 하고 싶을 때, (3)굳이 전화를 할 필요가 없을 정도로 사소한 농담을 주고받을 때, (4)집 주소나 연락처같이 되풀이해서 확인해야 하는 정보를 전달해야 할 때, 대부분 음성통화 대신 SMS(shortmessageservice)를 사용하고 있습니다.

이러한 SMS는 단문메시지서비스의 줄임말로, 흔히 '문자메시지' 라고도 부릅니다. 전 세계인들이 애용하는 대표적인 이동통신 서비스입니다.

음성통화에 비해 비교적 저렴한 요금이 장점이며, 특히 우리나라에서는 SMS 수신자에게는 요금을 부과하지 않는 것으로 알고 있습니다. 또한 해외 로밍 시에도 음성통화에 비해 비용이 저렴하고, 수신 요금 역시 없기 때문에 주요 연락수단으로 각광받고 있는 것도 사실입니다.

흔히 SMS와 문자메시지를 동일시하는 경향이 있으나 엄밀히 이야기하면 SMS는 문자메시지의 일종에 불과하며, 문자메시지는 글자 수에 제한이 있는 SMS, 글자 수에 제한이 없는 LMS(LongMessageService), 멀티미디어 파일을 첨부할 수 있는 MMS(MultimediaMessageService)로 나눌 수 있습니다.

한편 MMS는 이미지, 음악, 동영상 등 다양한 멀티미디어 파일을 첨부할 수 있는 문자메시지로 '컬러메일' , '멀티메일' 등으로도 알려져 있는데 주로 문자를 보내는데 많이 이용하고 있습니다.

문자메시지 · SMS의 '부호 · 문언 · 음향 · 화상 · 영상'을 반복적으로 상대방에게 도달하게 하여 공포심이나 불안감을 유발한 자는 정보통신망 이용촉진 및 정보보호 등에 관한 법률 제74조 제1항에 의하면 다음 각 호의 어느 하나에 해당하는 자는 1년 이하의 징역 또는 1,000만 원 이하의 벌금에 처합니다.

제2호는 정보통신망법 제44조의7 제1항 제1호를 위반하여 음란한 부호 · 문언 · 음향 · 화상 또는 영상을 배포 · 판매 · 임대하거나 공공연하게 전시한자,

제3호는 정보통신망법 제44조의7 제1항 제3호를 위반하여 공포심이나 불안감을 유발하는 부호 · 문언 · 음향 · 화상 또는 영상을 반복적으로 상대방에게 도달하게 한 자,

SMS · 문자메시지 등은 정보통신망으로 공포심이나 불안감을 유발하는 말, 음향, 글, 화상 또는 영상을 반복적으로 상대방에게 도달하게 하거나, 성적 모욕감, 두려움, 위협감 등 정서적 피해를 일으켰다면 정보통신망 이용촉진 및 정보보호 등에 관한 법률 제44조의7 제1항 제3호가 적용되어 정보통신망 이용촉진 및 정보보호 등에 관한 법률 제74조 제1항 제3호위반으로 처벌할 수 있습니다.

가, 성립요건

'불안감' 은 누구나 두려워합니다. 그것이 아직 자신에게 닥치지 않았고, 앞으로 발생할 가능성이 조금이라도 있는 것이라면 두려움의 정도는 더 클 수밖에 없습니다.

문자메시지 · SMS로 불안감을 유발하는 문언을 반복적으로 도달하게 한 행위는 '사회통념상 일반인에게 두려워하고 무서워하는 마음, 마음

이 편하지 아니하고 조마조마한 느낌을 일으킬 수 있는 내용의 문언을 되풀이하여 전송하는 일련의 행위는 정보통신망 이용촉진 및 정보보호 등에 관한 법률 제74조 제1항에 의하여 1년 이하의 징역 또는 1,000만 원 이하의 벌금에 처합니다.

정보통신망 이용촉진 및 정보보호 등에 관한 법률 제74조 제1항 제3호가 성립하기 위해서는 공포심이나 불안감을 유발하는 부호·문언·음향·화상 또는 영상을 반복적으로 상대방에게 도달하게 하면 성립합니다.

문자메시지 SMS는 (1)공포심이나 불안감을 유발하였는지, (2)반복적으로 문자메시지·SMS(공포심이나 불안감을 유발하는 부호·문언·음향·화상 또는 영상을 반복적으로 상대방에게 도달)를 도달하게 하였는지가 성립요건입니다.

나, 처벌요건

문자메시지·SMS을 정보통신망 이용촉진 및 정보보호 등에 관한 법률 제74조 제1항 제3호에 의하여 처벌하려면 (1)공포심이나 불안감을 유발하는 부호·문언·음향·화상 또는 영상을 반복적으로 상대방에게 보낸 경우 (2)표현 방법과 의미 (3)문자메시지·SMS를 얼마나 반복적으로 보냈는지 (4)상대방과의 관계 (5)문자메시지 SMS를 보낸 전후의 사정을 종합적으로 고려하여 '처벌' 합니다.

문자메시지·SMS를 정보통신망을 통하여 공포심이나 불안감을 유발하는 글을 피해자가 도달하게 하여 고소를 하였습니다.

법원은 정보통신망 이용촉진 및 정보보호 등에 관한 법률 제74조 제1항 제3호, 제44조의7 제1항 제3호, 형사소송법 제334조 제1항에 의하여 정보통신망 이용촉진 및 정보보호 등에 관한 법률 제74조(벌칙) 제1

항 제3호는 '정보통신망을 이용한 일련의 불안감 조성행위가 이에 해당한다고 하기 위해서는 각 행위 상호간에 일시 · 장소의 근접, 방법의 유사성, 기회의 동일, 범의의 계속 등 밀접한 관계가 있어 그 전체를 일련의 반복적인 행위로 평가할 수 있는 경우라야 하고, 이 사건의 범죄는 구성요건상 위 조항에서 정한 정보통신망을 이용하여 상대방의 불안감 등을 조성하는 일정 행위의 반복을 필수적인 요건으로 삼고 있을 뿐만 아니라 그 입법취지에 비추어 보더라도 위 정보통신망을 이용한 일련의 불안감 조성행위가 이에 해당한다고 하기 위해서는 각 행위 상호간에 일시 · 장소의 근접, 방법의 유사성, 기회의 동일, 범의의 계속 등 밀접한 관계가 있어 그 전체를 일련의 반복적인 행위로 평가할 수 있는 경우라야 하고, 그와 같이 평가될 수 없는 일회성 내지 비연속적인 단발성 행위가 수차 이루어진 것에 불과한 경우에는 그 문언의 구체적 내용 및 정도에 따라 협박죄나 경범죄처벌법상 불안감 조성행위 등 별개의 범죄로 처벌함은 변론으로 하더라도 정보통신망 이용촉진 및 정보보호 등에 관한 법률위반죄로 처벌할 수 없다고 무죄를 선고하였습니다.

판단에 의하면 문자메시지 · SMS를 이용한 일련의 불안감 조성행위가 이에 해당한다고 하기 위해서는 각 행위 상호간에 (1)일시 · 장소의 근접, (2)방법의 유사성, (3)기회의 동일, (4)범의의 계속 등 밀접한 관계가 있어 그 전체를 일련의 (5)반복적인 행위로 평가할 수 있는 경우라야 하고, 그와 같이 평가될 수 없는 (6)일회성 내지 (7)비연속적인 단발성 행위가 수차 이루어진 것에 불과한 경우에는 그 문언의 구체적 내용 및 정도에 따라 협박죄나 경범죄처벌법상 불안감 조성행위 등으로 처벌할 수 있으나 정보통신망법 위반죄로 처벌할 수 없다는 취지입니다.

정보통신망법 제74조 제1항 제3호, 제44조의7 제1항 제3호에 의하여 처벌하기 위해서는 (1)'정보통신망을 통하여 공포심이나 불안감을 유발하는 문언을 반복적으로 상대방에게 도달' 하게 하여야 하고, (2) 정보통신망을 이용한 일련의 불안감 조성행위가 이에 해당한다고 하기 위해서는 각 행위 상호간에 일시·장소의 근접, 방법의 유사성, 기회의 동일, 범의의 계속 등 밀접한 관계가 있어 그 전체를 일련의 반복적인 행위로 평가할 수 있는 경우라야 처벌할 수 있다는 취지입니다.

문자메시지·SMS를 정보통신망을 통하여 공포심이나 불안감을 유발하는 문언을 반복적으로 상대방에게 도달하게 하여야 성립하고 비연속적인 단발성 행위가 수차 이루어진 것에 불과한 경우에는 성립하지 않습니다.

문자메시지·SMS를 정보통신망을 통하여 공포심이나 불안감을 유발하는 문언을 반복적으로 상대방에게 도달하지 않고 비연속적인 단발성인 경우 경범죄처벌법위반으로 처벌할 수 있습니다.

제5장
경범죄처벌법 위반

제5장/

경범죄처벌법 위반 -

문자메시지 · SMS의 내용이 (1)공포심이나 불안감을 유발하지 않거나 (2)반복적이지 않고 (3)단발성의 경우 경범죄처벌법 위반으로 처벌할 수 있습니다.

경범죄처벌법 제3조(경범죄의 종류) 제1항 제40호 장난전화로 인정되어 10만 원 이하의 벌금, 구류 또는 과료(科料)의 형으로 처벌합니다.

가, 장난전화

경범죄처벌법 제3조 제1항 제40호(장난전화 등)에 의하여 '정당한 사유 없이 다른 사람에게 전화 · 문자메시지 · SMS · 편지 · 전자우편 · 전자문서 등을 여러 차례 되풀이하여 괴롭힌 사람'

장난으로 전화를 거는 행위. 경범죄처벌법 제3조 제1항 제40호에서는 정당한 사유 없이 다른 사람에게 전화 · 문자메시지 · 편지 · 전자우편 · 전자문서 등을 여러 차례 되풀이하여 괴롭히는 행위로 정의하고 있습니다. 많은 사람들이 초인종 장난과 함께 어릴 적에 한두 번은 했을 장난질. 상대방이 전화를 받으면 대뜸 "너 바보!" 따위의 욕을 하고 끊는 것에서부터 "하아, 하아, 하아..." 같은 변태적인 것도 있고, "나야, 나!" 라는 사기 장난전화, 심지어는 국제전화를 이용한 장난전화도 있습니다.

장난전화는 무작위로 전화를 건 다음 다짜고짜 "남편/아내 바꿔주세요", "누구신데요?", "당신 남편/아내/친구인데요?" 라고 하는 것입니다. 이는 가정 파탄으로 이어지는 이간질이나 다름없는 행위이므로 하지 말아야 하는 것이며 종종 인터넷 게시판 등에 이런 전화를 걸어놓고는 후기를 올리는 악질들이 있는데 이는 모두 경범죄처벌법에 의하여 처벌할 수 있습니다.

나, 대응방법

전화·휴대전화 장난전화를 받을 땐 피해자로서는 바로 법적으로 대응하는 것이 가장 좋은 방법입니다.

장난전화를 당하실 때는 반드시 녹음을 하셔야만 증거가 확보됩니다.

휴대전화통화 시 스마트 폰에서 스스로 녹음장치를 활용하거나 장난전화통화 내용을 확보해 두시면 좋습니다.

피해자가 직접 장난진화내용을 녹음을 하지 못했다면 휴대전화의 경우 해당 이동통신사에서 본인이 장난전화통화한 내역에 대해서는 무조건 공개해 주고 있습니다.

아무리 장난전화통화 내용이라 하더라도 피해자로서는 전화통화를 바로 끊지 마시고 계속해서 몇 마디라도 더 상대방에게 말을 붙여 장난하는 사람의 전화내용을 반복해서 발언을 하도록 유도하고 증명하면 좋습니다.

상대방의 장난전화는 스마트 폰이나 이동통신사에서 통화내용을 확보한 경우 가차 없이 법적조치를 취할 수 있습니다.

전화·휴대전화 장난전화는 통화기록 자체가 곧 증거자료가 되고 문자메시지가 증거가 됩니다.

제6장
고소장·진정서 사례

【고소장(1)】 모욕죄 인터넷포털사이트 카페게시판에 댓글 모욕 강력한 처벌요구 고소장

고　　　　소　　　　장

고 소 인 : ○　　○　　○

피 고소 인 : ○　　○　　○

충청북도 충주경찰서장 귀중

고 소 장

1. 고소인

<table>
<tr><td>성 명</td><td>○ ○ ○</td><td>주민등록번호</td><td>생략</td></tr>
<tr><td>주 소</td><td colspan="3">충청북도 충주시 ○○로 ○○길 ○○, ○○○호</td></tr>
<tr><td>직 업</td><td>상업</td><td>사무실
주 소</td><td>생략</td></tr>
<tr><td>전 화</td><td colspan="3">(휴대폰) 010 - 2345 - 0000</td></tr>
<tr><td>대리인에 의한
고 소</td><td colspan="3">□ 법정대리인 (성명 : , 연락처)
□ 고소대리인 (성명 : 변호사, 연락처)</td></tr>
</table>

2. 피고소인

<table>
<tr><td>성 명</td><td>○ ○ ○</td><td>주민등록번호</td><td>생략</td></tr>
<tr><td>주 소</td><td colspan="3">충청북도 충주시 ○○로 ○○길 ○○, ○○○호</td></tr>
<tr><td>직 업</td><td>상업</td><td>사무실
주 소</td><td>생략</td></tr>
<tr><td>전 화</td><td colspan="3">(휴대폰) 010 - 9122 - 0000</td></tr>
<tr><td>기타사항</td><td colspan="3">고소인과의 관계 - 친 · 인척관계 없습니다.</td></tr>
</table>

3. 고소취지

고소인은 피고소인을 형법 제311조 모욕혐의로 고소하오니 철저히 수사하여 법에 준엄함을 깨달을 수 있도록 엄벌에 처하여 주시기 바랍니다.

4. 범죄사실

(1) 적용법조

① 형법 제311조 모욕죄

공연히 사람을 모욕한 자는 1년 이하의 징역이나 금고 또는 200만 원 이하의 벌금에 처한다.

(2) 이 사건의 범죄사실

가, 피고소인은 ○○○○. ○○. ○○. ○○:○○경 인터넷포털사이트 ○○카페게시판에 고소인의 모습이 고스란히 드러난 사진과 게시물에 "야 병신 새끼야", "나이 처먹고 뭐하는 짓거리냐", "미친놈 새끼" 라는 댓글을 작성했습니다.

나, 고소인은 이에 피고소인에게 당장 사과하고 위 댓글을 삭제하라고 요구하였으나 피고소인은 사과는 고사하고 댓글을 삭제하지 않았을 뿐 아니라 점점 더 수위를 높이고 노골적으로 고소인을 모욕하는 댓글을 계속 달았습니다.

다, 고소인으로서는 피고소인의 이러한 행동으로 인하여 심한 정신적 충격을 받아 고통에 시달리고 있으므로 피고소인을 철저히 수사하여 엄벌에 처하여 주시기 바랍니다.

(3) 고소인의 피해사항

가, 고소인은 다른 사람들의 연락을 받고 피고소인이 올린 모욕적인 댓글을 보고 알았습니다.

나, 고소인은 피고소인의 위와 같은 모욕으로 인하여 부끄럽고 창피스러워서 도저히 참을 수 없어서 정신과적 치료까지 받고 있습니다.

5.고소이유

(1) 피고소인에 대한 처벌의 필요성

가, 피고소인은 그 이후로도 고소인을 깎아 내리려고 계속해서 고소인에 대한 험담과 모욕을 일삼고 있습니다.

나, 피고소인의 악성댓글은 수많은 네티즌들에게 노출되어 논란이 되거나 또 다른 악성댓글을 유도하는 결과를 초래하였습니다.

다, 또한 고소인이 게시물과 악성댓글의 삭제를 요구하고 정중한 사과를 요구하였으나 피고소인은 악성댓글과 게시물을 삭제하지 않았고, 도리어 다른 사람들이 올린 글을 인용한 것에 불과하다는 거짓말로 둘러대고 있습니다.

라, 피고소인은 고소인이 모욕죄로 고소할 의사를 피력하자, 자신이 올린 악성댓글과 게시물을 삭제하지 않고 오히려 더 수위를 높여가며 댓글을 올리고 있어 고소인은 피해 정도가 심각하여 돌이킬 수 없는 지경에 이르러 고소인으로서는 피고소인의 강력한 처벌을 원하는 바입니다.

6. 범죄의 성립근거

가, 피해자의 특정

피고소인은 ○○○○. ○○. ○○. ○○:○○경 인터넷포털사이트 ○○카페게시판에 고소인의 모습이 고스란히 드러난 사진과 게시물에 " 야 병신 새끼야", "나이 처먹고 뭐하는 짓거리냐", "미친놈 새끼" 라는 댓글을 작성하고 고소인을 모욕하였기 때문에 피해자인 고소인 본인이 충분히 특정 지어진 상태입니다.

한편, 고소인의 모습이 인터넷포털사이트 ○○카페게시판에 드러난 상태에 있었기 때문에 누구나 피고소인이 고소인을 모욕하는 사실을 쉽게 알아차릴 수 있었기 때문에 피해자가 특정됩니다.

나, 공연성

피고소인이 고소인의 모습이 고스란히 담긴 인터넷포털사이트 ○○카페게시판을 통하여 피고소인이 댓글로 고소인을 모욕한 것이므로 공연성 또한 충족됩니다.

7. 증거자료

□ 고소인은 고소인의 진술 외에 제출할 증거가 없습니다.

■ 고소인은 고소인의 진술 외에 제출할 증거가 있습니다.

☞ 제출할 증거의 세부내역은 별지를 작성하여 첨부합니다.

8. 관련사건의 수사 및 재판여부

① 중복 고소여부	본 고소장과 같은 내용의 고소장을 다른 검찰청 또는 경찰서에 제출하거나 제출하였던 사실이 있습니다 □ / 없습니다 ■
② 관련 형사사건 수사 유무	본 고소장에 기재된 범죄사실과 관련된 사건 또는 공범에 대하여 검찰청이나 경찰서에서 수사 중에 있습니다 □ / 수사 중에 있지 않습니다 ■
③ 관련 민사소송 유무	본 고소장에 기재된 범죄사실과 관련된 사건에 대하여 법원에서 민사소송 중에 있습니다 □ / 민사소송 중에 있지 않습니다 ■

9. 기타

본 고소장에 기재한 내용은 고소인이 알고 있는 지식과 경험을 바탕으로 모두 사실대로 작성하였으며, 만일 허위사실을 고소하였을 때에는 형법 제156조 무고죄로 처벌받을 것임을 아울러 서약합니다.

○○○○ 년 ○○ 월 ○○ 일

위 고소인 : ○ ○ ○ (인)

충청북도 충주경찰서장 귀중

별지 : 증거자료 세부 목록

(범죄사실 입증을 위해 제출하려는 증거에 대하여 아래 각 증거 별로 해당 난을 구체적으로 작성해 주시기 바랍니다)

1. 인적증거

성 명	○ ○ ○	주민등록번호	생략	
주 소	경기도 ○○시 ○○로 ○○길 ○○○,		직업	회사원
전 화	(휴대폰) 010 - 2345 - 0000			
입증하려는 내 용	위 ○○○은 우연히 고소인의 사진과 피고소인이 올린 모욕을 보고 고소인에게 알렸기 때문에 직접 목격한 사실을 입증하고자 합니다.			

2. 증거서류

순번	증 거	작성자	제출 유무
1	캡처화면	고소인	■ 접수시 제출 □ 수사 중 제출
2	진술서	고소인	■ 접수시 제출 □ 수사 중 제출
3			□ 접수시 제출 □ 수사 중 제출
4			□ 접수시 제출 □ 수사 중 제출
5			□ 접수시 제출 □ 수사 중 제출

3. 증거물

순번	증 거	소유자	제출 유무
1	캡처화면	고소인	■ 접수시 제출 □ 수사 중 제출
2			□ 접수시 제출 □ 수사 중 제출
3			□ 접수시 제출 □ 수사 중 제출
4			□ 접수시 제출 □ 수사 중 제출
5			□ 접수시 제출 □ 수사 중 제출

4. 기타증거

추후 필요에 따라 제출하겠습니다.

고 소 장

고 소 인 : ○ ○ ○

피 고소 인 : ○ ○ ○

강원도 춘천경찰서장 귀중

고 소 장

1. 고소인

성 명	○ ○ ○	주민등록번호	생략
주 소	강원도 양구군 ○○읍 ○○로 ○○, ○○○호		
직 업	상업	사무실 주 소	생략
전 화	(휴대폰) 010 - 2345 - 0000		
대리인에 의한 고 소	□ 법정대리인 (성명 : , 연락처) □ 고소대리인 (성명 : 변호사, 연락처)		

2. 피고소인

성 명	○ ○ ○	주민등록번호	생략
주 소	강원도 춘천시 ○○로 ○○길 ○○, ○○○호		
직 업	무지	사무실 주 소	생략
전 화	(휴대폰) 010 - 1299 - 0000		
기타사항	고소인과의 관계 - 친 · 인척관계 없습니다.		

3. 고소취지

고소인은 피고소인을 형법 제311조 모욕혐의로 고소하오니 철저히 수사하여 법에 준엄함을 깨달을 수 있도록 엄벌에 처하여 주시기 바랍니다.

4. 범죄사실

(1) 적용법조

① 형법 제311조 모욕죄

공연히 사람을 모욕한 자는 1년 이하의 징역이나 금고 또는 200만 원 이하의 벌금에 처한다.

(2) 범죄사실

가, 고소인은 주소지에서 인터넷 광고매체를 통하여 중고가전제품을 판매하고 있습니다.

나, 피고소인이 ○○○○. ○○. ○○. ○○:○○경 고소인이 운영하는 위 가전제품센터 홈페이지에 접속한 뒤 물건 판매자인 고소인에게 "어쩐지 사기꾼 같다", "사기꾼 느낌이 난다"는 내용의 악성 댓글을 고소인이 운영하는 가전제품센터의 자유게시판에 올렸습니다.

다, 위 가전제품센터의 자유게시판은 인터넷을 통하여 접속하는 고객들이 수시로 볼 수 있는 홈페이지내의 자유게시판이기 때문에 피고소인의 행위는 허위사실을 적시하여 고소인에 대한 사회적 평가를 저하시킬 만한 추상적 판단으로 경멸적 감정을 표현하여 고소인을 모욕하였습니다.

라, 이러한 피고소인의 행위는 도저히 용서할 수 없는 행동으로서 철저히 조사하여 엄벌에 처하여야 마땅합니다.

(3) 고소인의 피해사항

가, 고소인은 다른 사람들의 연락을 받고 피고소인이 올린 모욕적인 댓글을 보고 알았습니다.

나, 피고소인의 위와 같이 고소인이 운영하는 가전제품센터 홈페이지에 접속한 뒤 물건 판매자인 고소인에게 "어쩐지 사기꾼 같다", "사기꾼 느낌이 난다"는 내용의 악성 댓글을 고소인이 운영하는 가전제품센터의 자유게시판에 올리는 바람에 폐업해야 할 위기에까지 와있고 이러한 고통을 도저히 참을 수 없어서 정신과적 치료까지 받고 있습니다.

5. 고소이유

(1) 피고소인에 대한 처벌의 필요성

가, 피고소인은 그 이후로도 고소인의 영업을 깎아 내리려고 계속해서 고소인의 홈페이지를 접속하여 수시로 험담과 모욕을 일삼고 있습니다.

나, 피고소인의 이러한 모욕은 고소인이 운영하는 홈페이지를 방문하는 고객들에게 고스란히 노출되어 또 다른 악성댓글을 유도하는 결과를 초래하였습니다.

다, 고소인은 피해 정도가 심각하여 돌이킬 수 없는 지경에 이르러 고소인으로서는 피고소인의 강력한 처벌을 원하는 바입니다.

6. 범죄의 성립근거

가, 피해자의 특정

피고소인은 ○○○○. ○○. ○○. ○○:○○경 고소인이 운영하는 가전제품센터 홈페이지에 접속한 뒤 물건 판매자인 고소인에게 "어쩐지 사기꾼 같다", "사기꾼 느낌이 난다"는 내용의 악성 댓글을 고소인이 운영하는 가전제품센터의 자유게시판에 올렸기 때문에 피해자인 고소인 본인이 충분히 특정 지어진 상태입니다.

한편, 피고소인의 모욕은 고소인이 운영하는 가전제품센터 홈페이지의 자유게시판에 올렸기 때문에 누구나 고소인의 홈페이지를 방문하는 고객들은 피고소인이 고소인을 모욕하는 사실을 쉽게 알아차릴 수 있었기 때문에 피해자가 특정됩니다.

나, 공연성

따라서 피고소인은 고소인이 운영하는 가전제품센터 홈페이지에 접속하여 자유게시판을 통하여 고소인에게 "어쩐지 사기꾼 같다", "사기꾼 느낌이 난다"는 내용으로 고소인을 모욕을 한 것이므로 피고소인이 고소인에게 모욕한 것으로 공연성 또한 충족됩니다.

7. 증거자료

□ 고소인은 고소인의 진술 외에 제출할 증거가 없습니다.

■ 고소인은 고소인의 진술 외에 제출할 증거가 있습니다.

☞ 제출할 증거의 세부내역은 별지를 작성하여 첨부합니다.

8. 관련사건의 수사 및 재판여부

① 중복 고소여부	본 고소장과 같은 내용의 고소장을 다른 검찰청 또는 경찰서에 제출하거나 제출하였던 사실이 있습니다 □ / 없습니다 ■
② 관련 형사사건 수사 유무	본 고소장에 기재된 범죄사실과 관련된 사건 또는 공범에 대하여 검찰청이나 경찰서에서 수사 중에 있습니다 □ / 수사 중에 있지 않습니다 ■
③ 관련 민사소송 유무	본 고소장에 기재된 범죄사실과 관련된 사건에 대하여 법원에서 민사소송 중에 있습니다 □ / 민사소송 중에 있지 않습니다 ■

9. 기타

본 고소장에 기재한 내용은 고소인이 알고 있는 지식과 경험을 바탕으로 모두 사실대로 작성하였으며, 만일 허위사실을 고소하였을 때에는 형법 제156조 무고죄로 처벌받을 것임을 아울러 서약합니다.

○○○○ 년 ○○ 월 ○○ 일

위 고소인 : ○ ○ ○ (인)

강원도 춘천경찰서장 귀중

별지 : 증거자료 세부 목록

(범죄사실 입증을 위해 제출하려는 증거에 대하여 아래 각 증거 별로 해당 난을 구체적으로 작성해 주시기 바랍니다)

1. 인적증거

<table>
<tr><td>성 명</td><td>○ ○ ○</td><td>주민등록번호</td><td colspan="2">생략</td></tr>
<tr><td>주 소</td><td colspan="2">강원도 ○○시 ○○로 ○○길 ○○○,</td><td>직업</td><td>회사원</td></tr>
<tr><td>전 화</td><td colspan="4">(휴대폰) 010 - 2345 - 0000</td></tr>
<tr><td>입증하려는 내 용</td><td colspan="4">위 ○○○은 우연히 고소인의 블로그에서 피고소인이 올린 모욕을 보고 고소인에게 알렸기 때문에 직접 목격한 사실을 입증하고자 합니다.</td></tr>
</table>

2. 증거서류

순번	증 거	작성자	제출 유무
1	캡처화면	고소인	■ 접수시 제출 □ 수사 중 제출
2	진술서	고소인	■ 접수시 제출 □ 수사 중 제출
3			□ 접수시 제출 □ 수사 중 제출
4			□ 접수시 제출 □ 수사 중 제출
5			□ 접수시 제출 □ 수사 중 제출

3. 증거물

순번	증 거	소유자	제출 유무
1	캡처화면	고소인	■ 접수시 제출 □ 수사 중 제출
2			□ 접수시 제출 □ 수사 중 제출
3			□ 접수시 제출 □ 수사 중 제출
4			□ 접수시 제출 □ 수사 중 제출
5			□ 접수시 제출 □ 수사 중 제출

4. 기타증거

추후 필요에 따라 제출하겠습니다.

【고소장(3)】 모욕죄 단체 카톡방에서 입에 담을 수 없는 모욕을 하여 처벌요구 고소장

고 소 장

고 소 인 : ○ ○ ○

피 고소 인 : ○ ○ ○

서울시 강서경찰서장 귀중

고 소 장

1. 고소인

성 명	○ ○ ○	주민등록번호	생략
주 소	경기도 김포시 ○○면 ○○로 ○○, ○○○호		
직 업	농업	사무실 주 소	생략
전 화	(휴대폰) 010 - 1234 - 0000		
대리인에 의한 고 소	□ 법정대리인 (성명 : , 연락처) □ 고소대리인 (성명 : 변호사, 연락처)		

2. 피고소인

성 명	○ ○ ○	주민등록번호	생략
주 소	서울시 강서구 ○○로 ○○길 ○○, ○○○-○○○호		
직 업	가정주부	사무실 주 소	생략
전 화	(휴대폰) 010 - 0321 - 0000		
기타사항	고소인과의 관계 - 친·인척관계 없습니다.		

3. 고소취지

고소인은 피고소인을 형법 제311조 모욕혐의로 고소하오니 철저히 수사하여 법에 준엄함을 깨달을 수 있도록 엄벌에 처하여 주시기 바랍니다.

4. 범죄사실

(1) 적용법조

① 형법 제311조 모욕죄

공연히 사람을 모욕한 자는 1년 이하의 징역이나 금고 또는 200 만 원 이하의 벌금에 처한다.

(2) 범죄사실

가, 고소인은 경기도 김포시 통진면 ○○로 ○○, 일대에서 유기농 채소 등을 재배하여 인터넷 광고매체를 통하여 판매하고 있고 우연히 고객의 소개로 피고소인이 거주하는 서울시 강서구 ○○로 ○○길 ○○○, ○○아파트 주민들이 개설한 단체 카톡방을 통하여 고소인이 재배하는 위 채소 등을 판매하고 있었습니다.

나, 피고소인은 ○○○○. ○○. ○○. ○○:○○경 위 단체 카톡방을 통하여 고소인이 판매하는 채소는 개돼지도 먹지 않는다 고소인에게 "어쩐지 사기꾼 같다" 는 피고소인의 행위는 허위사실을 적시하여 고소인에 대한 사회적 평가를 저하시킬 만한 추상적 판단으로 경멸적 감정을 표현하여 고소인을 모욕하였습니다.

다, 이러한 피고소인의 행위는 도저히 용서할 수 없는 행동으로서 철저히 조사하여 엄벌에 처하여야 마땅합니다.

(3) 고소인의 피해사항

가, 고소인은 다른 사람들의 연락을 받고 피고소인이 올린 모욕적인 댓글을 보고 알았습니다.

나, 피고소인의 위와 같이 고소인이 재배하는 채소가 개돼지도 먹지 않는다 고소인에게 사기꾼 같다는 내용을 위 아파트 단체 카톡방에 올리는 바람에 폐업해야 할 위기에까지 와있고 이러한 고통으로 정신과적 치료까지 받고 있습니다.

5. 고소이유

(1) 피고소인에 대한 처벌의 필요성

가, 피고소인은 그 이후로도 고소인이 재배한 채소 등을 위 아파트의 전체 카톡방을 통하여 많은 인기를 얻고 있다는데 시기를 하고 고소인의 채소 등을 품질을 깎아 내리려고 계속해서 고소인의 험담과 모욕을 일삼고 있습니다.

나, 피고소인의 이러한 모욕은 고소인과 거래를 해왔던 위 아파트 주민들까지 악성댓글을 유도하는 결과를 초래하였습니다.

다, 고소인은 피해 정도가 심각하여 돌이킬 수 없는 지경에 이르러 고소인으로서는 피고소인의 강력한 처벌을 원하는 바입니다.

6. 범죄의 성립근거

가, 피해자의 특정

피고소인은 ○○○○. ○○. ○○. ○○:○○경 위 ○○아파트 주민들이 이용하는 단체 카톡방에 접속하여 의도적으로 고소인이 재배하여 판매하고 있는 채소 등은 개돼지도 안 먹는다, 고소인에게 사기꾼 같다고 댓글을 올렸기 때문에 피해자인 고소인 본인이 충분히 특정 지어진 상태입니다.

또한 고소인이 위 ○○아파트 단체 카톡방을 통하여 많은 거래가 오고 가기 때문에 누구나 위 단체 카톡방에 접속하는 사람이면 피고소인이 고소인을 모욕하는 사실을 쉽게 알아차릴 수 있었기 때문에 피해자가 특정됩니다.

나, 공연성

피고소인은 고소인이 주로 거래하는 위 단체 카톡방을 통하여 모욕성 표현을 올리고 고소인을 모욕을 한 것이므로 공연성 또한 충족됩니다.

7. 증거자료

□ 고소인은 고소인의 진술 외에 제출할 증거가 없습니다.

■ 고소인은 고소인의 진술 외에 제출할 증거가 있습니다.

☞ 제출할 증거의 세부내역은 별지를 작성하여 첨부합니다.

8. 관련사건의 수사 및 재판여부

① 중복 고소여부	본 고소장과 같은 내용의 고소장을 다른 검찰청 또는 경찰서에 제출하거나 제출하였던 사실이 있습니다 □ / 없습니다 ■
② 관련 형사사건 수사 유무	본 고소장에 기재된 범죄사실과 관련된 사건 또는 공범에 대하여 검찰청이나 경찰서에서 수사 중에 있습니다 □ / 수사 중에 있지 않습니다 ■
③ 관련 민사소송 유무	본 고소장에 기재된 범죄사실과 관련된 사건에 대하여 법원에서 민사소송 중에 있습니다 □ / 민사소송 중에 있지 않습니다 ■

9. 기타

본 고소장에 기재한 내용은 고소인이 알고 있는 지식과 경험을 바탕으로 모두 사실대로 작성하였으며, 만일 허위사실을 고소하였을 때에는 형법 제156조 무고죄로 처벌받을 것임을 아울러 서약합니다.

○○○○ 년 ○○ 월 ○○ 일

위 고소인 : ○ ○ ○ (인)

서울시 강서경찰서장 귀중

별지 : 증거자료 세부 목록

(범죄사실 입증을 위해 제출하려는 증거에 대하여 아래 각 증거별로 해당 난을 구체적으로 작성해 주시기 바랍니다)

1. 인적증거

<table>
<tr><td>성 명</td><td>○ ○ ○</td><td>주민등록번호</td><td colspan="2">생략</td></tr>
<tr><td>주 소</td><td colspan="2">○○시 ○○구 ○○로 ○○길 ○○○,</td><td>직업</td><td>회사원</td></tr>
<tr><td>전 화</td><td colspan="4">(휴대폰) 010 - 2345 - 0000</td></tr>
<tr><td>입증하려는 내 용</td><td colspan="4">위 ○○○은 우연히 위 ○○아파트 단체 카톡방에 피고소인이 올린 고소인에 대한 모욕을 보고 고소인에게 알렸기 때문에 직접 목격한 사실을 입증하고자 합니다.</td></tr>
</table>

2. 증거서류

순번	증 거	작성자	제출 유무
1	캡처화면	고소인	■ 접수시 제출 □ 수사 중 제출
2	진술서	고소인	■ 접수시 제출 □ 수사 중 제출
3			□ 접수시 제출 □ 수사 중 제출
4			□ 접수시 제출 □ 수사 중 제출
5			□ 접수시 제출 □ 수사 중 제출

3. 증거물

순번	증 거	소유자	제출 유무
1	캡처화면	고소인	■ 접수시 제출 □ 수사 중 제출
2			□ 접수시 제출 □ 수사 중 제출
3			□ 접수시 제출 □ 수사 중 제출
4			□ 접수시 제출 □ 수사 중 제출
5			□ 접수시 제출 □ 수사 중 제출

4. 기타증거

추후 필요에 따라 제출하겠습니다.

【고소장(4)】 모욕죄 문자메시지로 모욕하고 작장에 찾아와 욕설하여 처벌을 요구하는 고소장

고 소 장

고 소 인 : ○ ○ ○

피 고소 인 : ○ ○ ○

광주시 ○○경찰서장 귀중

고 소 장

1. 고소인

성 명	○ ○ ○	주민등록번호	생략
주 소	광주시 ○○구 ○○로 ○○, ○○○-○○○○호		
직 업	회사원	사무실 주 소	생략
전 화	(휴대폰) 010 - 4543 - 0000		
대리인에 의한 고 소	□ 법정대리인 (성명 : , 연락처) □ 고소대리인 (성명 : 변호사, 연락처)		

2. 피고소인

성 명	○ ○ ○	주민등록번호	생략
주 소	광주시 광산구 ○○로 ○○길 ○○, ○○○-○○○호		
직 업	무직	사무실 주 소	생략
전 화	(휴대폰) 010 - 9981 - 0000		
기타사항	고소인과의 관계 - 친 · 인척관계 없습니다.		

3. 고소취지

고소인은 피고소인을 형법 제311조 모욕혐의로 고소하오니 철저히 수사하여 법에 준엄함을 깨달을 수 있도록 엄벌에 처하여 주시기 바랍니다.

4. 범죄사실

(1) 적용법조

① 형법 제311조 모욕죄

공연히 사람을 모욕한 자는 1년 이하의 징역이나 금고 또는 200 만 원 이하의 벌금에 처한다.

(2) 범죄사실

가, 지금부터 정확히 2년 1개월 전에 고소인은 대학 3학년이었고 남자친구인 피고소인은 다른 대학 4학년이었습니다.

고소인은 아르바이트를 해서 등록금을 내 왔는데요. 그때 아르바이트해서 번 돈을 남자친구인 피고소인에게 뜯겨서 등록금이 항상 모자랐습니다.

나, 그 후 남자친구인 피고소인은 고소인에게 미안하고 딱했는지 ○○○만원을 해주면서 등록금에 보태달라고 준 몇 달 후 헤어지게 되었고 그 이후 둘 다 아무런 연락도 하지 않고 2년 1개월이라는 시간이 흘렀습니다.

다, 그런데 두 달 전부터인가 뜬금없이 피고소인으로부터 돈을 갚으라며 문자와 전화, 음성메세지 등이 고소인에게 오기 시작했습니다.

라, 차마 고소인으로서는 입에 담을 수도 없는 욕설을 하면서 말입니다. 고소인은 피고소인에게 돈을 빌린 것도 아니고 또 지금 목돈도 없습니다.

그래서 갚을 수가 없다고 했더니 오늘은 청부업자를 샀다고 조만간 저한테 간다는 문자가 왔습니다.

고소인으로서는 이젠 진짜 신변의 위협을 느낍니다.

피고소인은 고소인이 다니는 회사전화까지 어떻게 알아내서 회사로도 전화를 합니다.

마, 하물며 저한테 돈 받을 놈이라고 하면서 전화 바꾸라고 난동까지 부리고, 문자나 음성을 지금까지는 받으면 그냥 지워버렸는데 그 청부업자문자는 고스란히 남겨뒀습니다.

피고소인은 계속해서 고소인에게 문자와 메시지로 야 미친년, 개 같은 년, 인간쓰레기 같은 년, 병신 같은 년 이라는 추상적인 단어를 사용하고 차마 입에 담을 수 없는 욕설을 퍼붓고 고소인을 모욕을 하였습니다.

바, 이러한 피고소인의 행위는 도저히 용서할 수 없는 행동으로서 철저히 수사하여 엄벌에 처하여야 마땅하다고 생각하고 고소에 이른 것입니다.

(3) 고소인의 피해사항

가, 고소인은 피고소인의 문자메시지 때문에 다른 사람들이 걸어오는 전화도 받을 수 없습니다.

나, 피고소인의 위와 같이 모욕적인 발언 때문에 정신과적 치료까지 받고 있습니다.

5. 고소이유

(1) 피고소인에 대한 처벌의 필요성

가, 피고소인은 그 이후로도 고소인에게 계속해서 고소인에게 모욕을 일삼고 있습니다.

나, 고소인은 피해 정도가 심각하여 돌이킬 수 없는 지경에 이르러 고소인으로서는 피고소인의 강력한 처벌을 원하는 바입니다.

6. 범죄의 성립근거

가, 피해자의 특정

피고소인은 ○○○○. ○○. ○○. ○○:○○경부터 다발성 문자메시지를 보내 욕설을 퍼붓고 대꾸하지 않자 이제는 고소인이 다니는 회사로까지 전화하여 모욕한 것이므로 피해자인 고소인 본인이 충분히 특정 지어진 상태입니다.

또한 고소인이 근무하는 회사에서 수많은 동료들이 있는 자리에서 피고소인이 고소인을 모욕하였으므로 불특정 다수인이 쉽게 알아차릴 수 있었기 때문에 피해자가 특정됩니다.

나, 공연성

피고소인은 고소인이 근무하는 회사에까지 찾아와 고래고래 소리를 지르며 고소인을 모욕을 한 것이므로 공연성 또한 충족됩니다.

7. 증거자료

□ 고소인은 고소인의 진술 외에 제출할 증거가 없습니다.

■ 고소인은 고소인의 진술 외에 제출할 증거가 있습니다.

☞ 제출할 증거의 세부내역은 별지를 작성하여 첨부합니다.

8. 관련사건의 수사 및 재판여부

① 중복 고소여부	본 고소장과 같은 내용의 고소장을 다른 검찰청 또는 경찰서에 제출하거나 제출하였던 사실이 있습니다 □ / 없습니다 ■
② 관련 형사사건 수사 유무	본 고소장에 기재된 범죄사실과 관련된 사건 또는 공범에 대하여 검찰청이나 경찰서에서 수사 중에 있습니다 □ / 수사 중에 있지 않습니다 ■
③ 관련 민사소송 유무	본 고소장에 기재된 범죄사실과 관련된 사건에 대하여 법원에서 민사소송 중에 있습니다 □ / 민사소송 중에 있지 않습니다 ■

9. 기타

본 고소장에 기재한 내용은 고소인이 알고 있는 지식과 경험을 바탕으로 모두 사실대로 작성하였으며, 만일 허위사실을 고소하였을 때에는 형법 제156조 무고죄로 처벌받을 것임을 아울러 서약합니다.

○○○○ 년 ○○ 월 ○○ 일

위 고소인 : ○ ○ ○ (인)

광주시 ○○경찰서장 귀중

별지 : 증거자료 세부 목록

(범죄사실 입증을 위해 제출하려는 증거에 대하여 아래 각 증거 별로 해당 난을 구체적으로 작성해 주시기 바랍니다)

1. 인적증거

<table>
<tr><td>성 명</td><td>○ ○ ○</td><td>주민등록번호</td><td colspan="2">생략</td></tr>
<tr><td>주 소</td><td colspan="2">○○시 ○○구 ○○로 ○○길 ○○○,</td><td>직업</td><td>회사원</td></tr>
<tr><td>전 화</td><td colspan="4">(휴대폰) 010 - 2345 - 0000</td></tr>
<tr><td>입증하려는 내 용</td><td colspan="4">위 ○○○은 피고소인이 고소인에게 다발성으로 모욕의 문자를 보내고 직장에 찾아와 모욕을 한 사실을 직접 목격한 사실을 입증하고자 합니다.</td></tr>
</table>

2. 증거서류

순번	증 거	작성자	제출 유무
1	캡처화면	고소인	■ 접수시 제출 □ 수사 중 제출
2	진술서	고소인	■ 접수시 제출 □ 수사 중 제출
3			□ 접수시 제출 □ 수사 중 제출
4			□ 접수시 제출 □ 수사 중 제출
5			□ 접수시 제출 □ 수사 중 제출

3. 증거물

순번	증 거	소유자	제출 유무
1	캡처화면	고소인	■ 접수시 제출 □ 수사 중 제출
2			□ 접수시 제출 □ 수사 중 제출
3			□ 접수시 제출 □ 수사 중 제출
4			□ 접수시 제출 □ 수사 중 제출
5			□ 접수시 제출 □ 수사 중 제출

4. 기타증거

추후 필요에 따라 제출하겠습니다.

【고소장(5)】 모욕죄 많은 사람들 앞에서 경멸적인 표현으로 모욕하여 강력히 처벌해 달라는 고소장

고　　　소　　　장

고 소 인 : ○　　○　　○

피 고소 인 : ○　　○　　○

창원시 ○○경찰서장 귀중

고 소 장

1. 고소인

<table>
<tr><td>성 명</td><td>○ ○ ○</td><td>주민등록번호</td><td>생략</td></tr>
<tr><td>주 소</td><td colspan="3">창원시 ○○구 ○○로 ○○, ○○○-○○○○호</td></tr>
<tr><td>직 업</td><td>회사원</td><td>사무실
주 소</td><td>생략</td></tr>
<tr><td>전 화</td><td colspan="3">(휴대폰) 010 - 7765 - 0000</td></tr>
<tr><td>대리인에 의한
고 소</td><td colspan="3">□ 법정대리인 (성명 : , 연락처)
□ 고소대리인 (성명 : 변호사, 연락처)</td></tr>
</table>

2. 피고소인

<table>
<tr><td>성 명</td><td>○ ○ ○</td><td>주민등록번호</td><td>생략</td></tr>
<tr><td>주 소</td><td colspan="3">창원시 ○○구 ○○로 ○○길 ○○, ○○○-○○○호</td></tr>
<tr><td>직 업</td><td>무직</td><td>사무실
주 소</td><td>생략</td></tr>
<tr><td>전 화</td><td colspan="3">(휴대폰) 010 - 4590 - 0000</td></tr>
<tr><td>기타사항</td><td colspan="3">고소인과의 관계 - 친 · 인척관계 없습니다.</td></tr>
</table>

3. 고소취지

고소인은 피고소인을 형법 제311조 모욕혐의로 고소하오니 철저히 수사하여 법에 준엄함을 깨달을 수 있도록 엄벌에 처하여 주시기 바랍니다.

4. 범죄사실

(1) 적용법조

① 형법 제311조 모욕죄

공연히 사람을 모욕한 자는 1년 이하의 징역이나 금고 또는 200 만 원 이하의 벌금에 처한다.

(2) 범죄사실

가, 피고소인은 ○○○○. ○○. ○○. 16:45경 창원시 ○○구 ○○로 ○○길 ○○, ○○이라는 호프집에서 생맥주를 마시던 중, 옆 좌석에 앉아 술을 마시고 있던 고소인이 피고소인에게 좀 조용히 해달라고 정중하게 주의를 주었습니다.

나, 피고소인은 이에 앙심을 품고 고소인에게 "야 이 새끼야 너나 입 닥쳐 이 병신아" 라고 경멸하는 말을 하여 모욕한 것입니다.

다, 이에 고소인은 피고소인에게 사과를 요구하였으나 피고소인은 오히려 "병신 같은 새끼 육갑하네" 라고 말하면서 사과를 거부하고 있습니다.

라, 따라서 고소인은 보아하니 피고소인과는 나이차이도 있는데 예의도 없이 윗사람을 함부로 대하는 피고소인을 모욕죄로 고소하오니 철저히 수사하여 피고소인을 엄벌에 처하여 주시기 바랍니다.

(3) 고소인의 피해사항

가, 고소인은 피고소인의 모욕으로 인하여 당시 오프 집에는 며느리의 친정아버지 등이 함께 동석한 자리였는데 사돈 앞에서 망신을 당했습니다.

나, 피고소인의 위와 같이 모욕적인 발언 때문에 고소인은 정신과적 치료까지 받고 있습니다.

5. 고소이유

(1) 피고소인에 대한 처벌의 필요성

가, 피고소인은 그 이후로도 고소인이 아버지 같은 사람에게 무슨 짓이냐며 정중히 사과를 요구했으나 아랑곳하지 않고 계속해서 더 큰소리로 고소인에게 모욕을 일삼고 있었습니다.

나, 고소인은 피해 정도가 심각하여 돌이킬 수 없는 지경에 이르러 피고소인의 강력한 처벌을 원하는 바입니다.

6. 범죄의 성립근거

가, 피해자의 특정

피고소인은 ○○○○. ○○. ○○. ○○:○○경 이 사건 호프집에 일행 5명과 함께 자리에 있었고, 고소인 역시 사돈어른과 약 7명이 동석한 자리에서 고소인이 피고소인의 고함에 조용히

해 줄 것을 요구한 것인데 바로 모욕한 것이므로 피해자인 고소인 본인이 충분히 특정 지어진 상태입니다.

또한 고소인의 좌석에는 고소인 이외에 사돈어른을 비롯하여 5명이 보고 있는 자리에서 피고소인이 자리에서 일어나 고소인에게 모욕하여 누구든 쉽게 알아차릴 수 있었기 때문에 피해자가 특정됩니다.

나, 공연성

피고소인은 고소인의 동석한 사람들이 모두 보는 자리에서 고래고래 소리를 지르며 고소인을 모욕을 한 것이므로 공연성 또한 충족됩니다.

7.증거자료

□ 고소인은 고소인의 진술 외에 제출할 증거가 없습니다.

■ 고소인은 고소인의 진술 외에 제출할 증거가 있습니다.

☞ 제출할 증거의 세부내역은 별지를 작성하여 첨부합니다.

8.관련사건의 수사 및 재판여부

① 중복 고소여부	본 고소장과 같은 내용의 고소장을 다른 검찰청 또는 경찰서에 제출하거나 제출하였던 사실이 있습니다 □ / 없습니다 ■
② 관련 형사사건 수사 유무	본 고소장에 기재된 범죄사실과 관련된 사건 또는 공범에 대하여 검찰청이나 경찰서에서 수사 중에 있습니다 □ / 수사 중에 있지 않습니다 ■
③ 관련 민사소송 유무	본 고소장에 기재된 범죄사실과 관련된 사건에 대하여 법원에서 민사소송 중에 있습니다 □ / 민사소송 중에 있지 않습니다 ■

9. 기타

본 고소장에 기재한 내용은 고소인이 알고 있는 지식과 경험을 바탕으로 모두 사실대로 작성하였으며, 만일 허위사실을 고소하였을 때에는 형법 제156조 무고죄로 처벌받을 것임을 아울러 서약합니다.

○○○○ 년 ○○ 월 ○○ 일

위 고소인 : ○ ○ ○ (인)

창원시 ○○경찰서장 귀중

별지 : 증거자료 세부 목록

(범죄사실 입증을 위해 제출하려는 증거에 대하여 아래 각 증거별로 해당 난을 구체적으로 작성해 주시기 바랍니다)

1. 인적증거

성 명	○ ○ ○	주민등록번호	생략	
주 소	○○시 ○○구 ○○로 ○○길 ○○○,		직업	상업
전 화	(휴대폰) 010 - 9904 - 0000			
입증하려는 내 용	위 ○○○은 위 호프집을 운영하는데 피고소인이 고소인에게 모욕한 사실을 직접 듣고 목격한 사실을 입증하고자 합니다.			

2. 증거서류

순번	증 거	작성자	제출 유무
1	스크린 샷	고소인	■ 접수시 제출 □ 수사 중 제출
2	진술서	고소인	■ 접수시 제출 □ 수사 중 제출
3			□ 접수시 제출 □ 수사 중 제출
4			□ 접수시 제출 □ 수사 중 제출
5			□ 접수시 제출 □ 수사 중 제출

3. 증거물

순번	증 거	소유자	제출 유무
1	스크린 샷	고소인	■ 접수시 제출 □ 수사 중 제출
2			□ 접수시 제출 □ 수사 중 제출
3			□ 접수시 제출 □ 수사 중 제출
4			□ 접수시 제출 □ 수사 중 제출
5			□ 접수시 제출 □ 수사 중 제출

4. 기타증거

추후 필요에 따라 제출하겠습니다.

【고소장(6)】 모욕죄 다수인이 보고 있는 자리에서 모욕과 성희롱 발언하여 처벌을 요구하는 고소장

고　　　소　　　장

고 소 인 : ○　　○　　○

피 고소 인 : ○　　○　　○

인천시 ○○경찰서장 귀중

고　　소　　장

1. 고소인

성　명	○ ○ ○	주민등록번호	생략
주　소	인천시 ○○구 ○○로 ○○, ○○○-○○○○호		
직　업	주부	사무실 주　소	생략
전　화	(휴대폰) 010 - 7765 - 0000		
대리인에 의한 고　소	□ 법정대리인 (성명 :　　,　　연락처　　) □ 고소대리인 (성명 : 변호사,　연락처　　)		

2. 피고소인

성　명	○ ○ ○	주민등록번호	생략
주　소	인천시 ○○구 ○○로 ○○길 ○○, ○○○-○○○호		
직　업	무지	사무실 주　소	생략
전　화	(휴대폰) 010 - 4590 - 0000		
기타사항	고소인과의 관계 - 친·인척관계 없습니다.		

3. 고소취지

고소인은 피고소인을 형법 제311조 모욕혐의로 고소하오니 철저히 수사하여 법에 준엄함을 깨달을 수 있도록 엄벌에 처하여 주시기 바랍니다.

4. 범죄사실

(1) 적용법조

① 형법 제311조 모욕죄

공연히 사람을 모욕한 자는 1년 이하의 징역이나 금고 또는 200만 원 이하의 벌금에 처한다.

(2) 범죄사실

가, ○○○○. ○○. ○○. 12:10경 인천시 부평구 ○○○로 ○○, ○○헬스클럽에 근무하는 고소인과 같은 직원 ○○○, ○○○이 점심식사 시간이 되어 식사를 위해 가까운 식당으로 갔는데 식당 옆 테이블에서 식사를 하던 피고소인이 느닷없이 고소인에게 다짜고짜 "너 룸싸롱에서 밤새 일하고 출근해서 이제 밥 먹으러 왔냐?" 빠순이 짓하고 돌아다니냐?. "어느 룸싸롱에서 일하느냐 나도 좀 알자" 며 성희롱성 모욕을 하여 이에 고소인이 피고소인에게 그런 말씀을 하시면 않되죠 라고 하자,

나, 오히려 말대답을 한다며 고소인의 복부를 2회 걷어차고 재차 오른쪽 주먹으로 고소인의 왼쪽 귀 부위를 후려쳐 고막천공 정도가 고막의 반 이상을 차지하는 상해진단 5주의 출혈성 고막천공 상해를 입어 고소인은 난청, 이명 등의 상해를 입었습니다.

다, 고소인은 같은 근무자들 앞에서 피고소인으로부터 당한 성희롱성 모욕이 준 수치심과 정신적 충격과 고통으로 입은 상처가 매우 커 모욕죄로 고소하고자 이에 본 고소장을 제출합니다.

(3) 고소인의 피해사항

가, 고소인은 피고소인의 모욕으로 인하여 당시 식당에는 같은 직장의 동료를 비롯하여 많은 사람들이 식사를 하기 위해 있었는데 망신을 당했습니다.

나, 피고소인의 위와 같이 모욕적인 발언 때문에 고소인은 그 이후 정신과적 치료까지 받고 있습니다.

5. 고소이유

(1) 피고소인에 대한 처벌의 필요성

가, 피고소인은 고소인이 성희롱성 발언으로 모욕을 준데 대하여 정중히 사과를 요구했으나 아랑곳하지 않고 오히려 고소인을 폭행하고 더 큰소리로 고소인에게 모욕을 일삼고 있었습니다.

나, 고소인은 피해 정도가 심각하여 돌이킬 수 없는 지경에 이르러 피고소인의 강력한 처벌을 원하는 바입니다.

6. 범죄의 성립근거

가, 피해자의 특정

피고소인은 ○○○○. ○○. ○○. ○○:○○경 식당에 도착해 자리에 앉은 고소인을 향하여 모욕한 것은 일행이 동석하여 피해자인 고소인 본인이 충분히 특정 지어진 상태입니다.

또한 고소인의 좌석에는 고소인 이외에 직장 동료들이 동석해 함께 보고 있었고, 피고소인이 자신의 자리에서 일어나 고소인에게 모욕하였기 때문에 누구든 쉽게 알아차릴 수 있었기 때문에 피해자가 특정됩니다.

나, 공연성

피고소인은 고소인과 같이 동석한 사람들이 모두 보는 자리에서 고래고래 소리를 지르며 고소인을 모욕을 한 것이므로 공연성 또한 충족됩니다.

7. 증거자료

□ 고소인은 고소인의 진술 외에 제출할 증거가 없습니다.

■ 고소인은 고소인의 진술 외에 제출할 증거가 있습니다.

☞ 제출할 증거의 세부내역은 별지를 작성하여 첨부합니다.

8. 관련사건의 수사 및 재판여부

① 중복 고소여부	본 고소장과 같은 내용의 고소장을 다른 검찰청 또는 경찰서에 제출하거나 제출하였던 사실이 있습니다 □ / 없습니다 ■
② 관련 형사사건 수사 유무	본 고소장에 기재된 범죄사실과 관련된 사건 또는 공범에 대하여 검찰청이나 경찰서에서 수사 중에 있습니다 □ / 수사 중에 있지 않습니다 ■
③ 관련 민사소송 유무	본 고소장에 기재된 범죄사실과 관련된 사건에 대하여 법원에서 민사소송 중에 있습니다 □ / 민사소송 중에 있지 않습니다 ■

9. 기타

본 고소장에 기재한 내용은 고소인이 알고 있는 지식과 경험을 바탕으로 모두 사실대로 작성하였으며, 만일 허위사실을 고소하였을 때에는 형법 제156조 무고죄로 처벌받을 것임을 아울러 서약합니다.

○○○○ 년 ○○ 월 ○○ 일

위 고소인 : ○ ○ ○ (인)

인천시 ○○경찰서장 귀중

별지 : 증거자료 세부 목록

(범죄사실 입증을 위해 제출하려는 증거에 대하여 아래 각 증거 별로 해당 난을 구체적으로 작성해 주시기 바랍니다)

1. 인적증거

성 명	○ ○ ○	주민등록번호	생략	
주 소	○○시 ○○구 ○○로 ○○길 ○○○,		직업	사원
전 화	(휴대폰) 010 - 7765 - 0000			
입증하려는 내 용	위 ○○○은 고소인과는 같은 직장 동료로 식당에 식사하기 위해 함께 동석하여 피고소인이 고소인에게 모욕한 사실을 직접 듣고 목격한 사실을 입증하고자 합니다.			

2. 증거서류

순번	증 거	작성자	제출 유무
1	스크린 샷	고소인	■ 접수시 제출 □ 수사 중 제출
2	진술서	고소인	■ 접수시 제출 □ 수사 중 제출
3			□ 접수시 제출 □ 수사 중 제출
4			□ 접수시 제출 □ 수사 중 제출
5			□ 접수시 제출 □ 수사 중 제출

3. 증거물

순번	증 거	소유자	제출 유무
1	스크린 샷	고소인	■ 접수시 제출 □ 수사 중 제출
2			□ 접수시 제출 □ 수사 중 제출
3			□ 접수시 제출 □ 수사 중 제출
4			□ 접수시 제출 □ 수사 중 제출
5			□ 접수시 제출 □ 수사 중 제출

4. 기타증거

추후 필요에 따라 제출하겠습니다.

【고소장(7)】 모욕죄 인터넷 홈페이지 자유게시판에 모욕의 댓글을 달아 처벌을 요구하는 고소장

고 소 장

고 소 인 : ○ ○ ○

피 고 소 인 : ○ ○ ○

창원시 ○○경찰서장 귀중

고 소 장

1. 고소인

성　　명	○ ○ ○	주민등록번호	생략
주　　소	창원시 ○○구 ○○로 ○○, ○○○-○○○○호		
직　　업	개인사업	사무실 주　소	생략
전　　화	(휴대폰) 010 - 7765 - 0000		
대리인에 의한 고　　소	□ 법정대리인 (성명 : 　　, 　　연락처 　　) □ 고소대리인 (성명 : 변호사, 　연락처 　　)		

2. 피고소인

성　　명	○ ○ ○	주민등록번호	무지
주　　소	무지		
직　　업	kasuma○○○		
전　　화	(휴대폰) 010 - 9901 - 0000		
기타사항	고소인과의 관계 - 친·인척관계 없습니다.		

3. 고소취지

고소인은 피고소인을 형법 제311조 모욕죄로 고소하오니 철저히 수사하여 법에 준엄함을 깨달을 수 있도록 엄벌에 처하여 주시기 바랍니다.

4. 범죄사실

(1) 적용법조

○ 형법 제311조 모욕죄

공연히 사람을 모욕한 자는 1년 이하의 징역이나 금고 또는 200 만 원 이하의 벌금에 처한다.

(2) 범죄사실

가, 고소인은 인터넷 광고매체를 통하여 중고가전제품을 판매하고 있습니다.

나, 피고소인이 ○○○○. ○○. ○○. ○○:○○경 고소인이 운영하는 위 가전제품센터 홈페이지(○○○.○○○.COM)에 접속한 뒤 물건 판매자인 고소인에게 “이 새끼들 어쩐지 사기꾼 같다”, “사기꾼 느낌이 난다”, ‘개자슥아’ 라는 내용의 악성 댓글을 고소인이 운영하는 가전제품센터의 자유게시판에 올렸습니다.

다, 위 가전제품센터의 자유게시판은 인터넷을 통하여 접속하는 고객들이 하루에도 약 1,200여 명이 방문하여 수시로 볼 수 있는 홈페이지내의 자유게시판이기 때문에 피고소인의 행위는 허위사실을 적시하여 고소인에 대한 사회적 평가를 저하시킬 만한 추상적 판단으로 경멸적 감정을 표현하여 고소인을 모욕하였습니다.

라, 이러한 피고소인의 행위는 도저히 용서할 수 없는 행동으로서 철저히 조사하여 엄벌에 처하여야 마땅합니다.

(3) 피해사항

가, 인터넷을 통하여 고객들을 상대로 가전제품을 판매하는 업종이기 때문에 피고소인이 동종 업종에 있는 사람이건 유사한 업종에서 종사하는 사람이건 고소인의 홈페이지를 방문한 고객이건 상관없이 전자제품을 구매하려는 희망자들이 수시로 방문하여 제품에 대한 정보를 교환하는 장소에 이르러 전항에서와 같이 고소인에게 사기꾼으로 매도하여 그 피해는 심각합니다.

나, 고소인으로서는 피고소인이 위와 같은 경멸적 표현을 게시판을 통하여 게재한 사실을 모르고 있었는데 고소인의 고객 한분이 우연히 게시판에 게재된 모욕을 발견하고 고소인에게 알려주어 알았지만 상당한 시간이 지났으므로 그 피해는 막대합니다.

다, 고객들에게까지 허위사실이 유포되어 더 이상 영업을 할 수 없는 지경에 이르러 피고소인의 위와 같이 모욕적인 발언 때문에 고소인은 그 이후 정신과적 치료까지 받고 있습니다.

5. 고소이유

(1) 피고소인에 대한 처벌의 필요성

가, 피고소인은 고소인이 위 모욕적인 발언으로 인하여 엄청난 피해를 입은데 대하여 정중히 사과하고 고소인의 홈페이지 게시판을 통하여 사과문을 올려 고소인의 명예를 회복해 달라고 요구했으나 아랑곳하지 않고 오히려 고소인에게 전화로 더 큰소리로 치면서 고소인에게 모욕을 일삼고 있습니다.

나, 고소인은 이에 피해의 정도가 심각하여 돌이킬 수 없는 지경에 이르러 피고소인의 강력한 처벌을 원하는 바입니다.

6. 범죄의 성립근거

가, 피해자의 특정

○ 피고소인은 ○○○○. ○○. ○○. ○○:○○경 고소인이 운영하는 이 사건 홈페이지로 들어와 그곳에 있는 자유게시판은 공개되어 있으므로 누구나 고소인의 홈페이지를 접속하면 볼 수 있는 자유게시판에서 홈페이지의 운영자인 고소인을 가리켜 모욕적 표현을 게재한 것이므로 피해자인 고소인 본인이 충분히 특정 지어진 상태입니다.

○ 또한 고소인의 위 홈페이지의 자유게시판은 자격이 제한되지 않았기 때문에 누구나 고소인의 홈페이지를 방문하는 고객이면 피고소인이 홈페이지를 운영하는 고소인에게 모욕하는 것으로 누구든 쉽게 알아차릴 수 있었기 때문에 피해자가 특정됩니다.

나, 공연성

○ 피고소인은 고소인이 운영하는 홈페이지의 자유게시판에 게재하였으므로 고소인이 운영하는 홈페이지를 방문하는 사람이라면 누구나 볼 수 있기 때문에 공연성 또한 충족되고 전파가능성이 인정됩니다.

7. 증거자료

□ 고소인은 고소인의 진술 외에 제출할 증거가 없습니다.

■ 고소인은 고소인의 진술 외에 제출할 증거가 있습니다.

☞ 제출할 증거의 세부내역은 별지를 작성하여 첨부합니다.

8. 관련사건의 수사 및 재판여부

① 중복 고소여부	본 고소장과 같은 내용의 고소장을 다른 검찰청 또는 경찰서에 제출하거나 제출하였던 사실이 있습니다 □ / 없습니다 ■
② 관련 형사사건 수사 유무	본 고소장에 기재된 범죄사실과 관련된 사건 또는 공범에 대하여 검찰청이나 경찰서에서 수사 중에 있습니다 □ / 수사 중에 있지 않습니다 ■
③ 관련 민사소송 유무	본 고소장에 기재된 범죄사실과 관련된 사건에 대하여 법원에서 민사소송 중에 있습니다 □ / 민사소송 중에 있지 않습니다 ■

9. 기타

본 고소장에 기재한 내용은 고소인이 알고 있는 지식과 경험을 바탕으로 모두 사실대로 작성하였으며, 만일 허위사실을 고소하였을 때에는 형법 제156조 무고죄로 처벌받을 것임을 아울러 서약합니다.

○○○○ 년 ○○ 월 ○○ 일

위 고소인 : ○ ○ ○ (인)

창원시 ○○경찰서장 귀중

별지 : 증거자료 세부 목록

(범죄사실 입증을 위해 제출하려는 증거에 대하여 아래 각 증거 별로 해당 난을 구체적으로 작성해 주시기 바랍니다)

1. 인적증거

성 명	○ ○ ○	주민등록번호	생략	
주 소	○○시 ○○구 ○○로 ○○길 ○○○,		직업	사원
전 화	(휴대폰) 010 - 9876 - 0000			
입증하려는 내 용	위 ○○○은 고소인의 직원으로 피고소인이 고소인에게 모욕한 사실을 직접 목격한 사실을 입증하고자 합니다.			

2. 증거서류

순번	증 거	작성자	제출 유무
1	스크린 샷	고소인	■ 접수시 제출 □ 수사 중 제출
2	진술서	고소인	■ 접수시 제출 □ 수사 중 제출
3			□ 접수시 제출 □ 수사 중 제출
4			□ 접수시 제출 □ 수사 중 제출
5			□ 접수시 제출 □ 수사 중 제출

3. 증거물

순번	증 거	소유자	제출 유무
1	스크린 샷	고소인	■ 접수시 제출 □ 수사 중 제출
2			□ 접수시 제출 □ 수사 중 제출
3			□ 접수시 제출 □ 수사 중 제출
4			□ 접수시 제출 □ 수사 중 제출
5			□ 접수시 제출 □ 수사 중 제출

4. 기타증거

추후 필요에 따라 제출하겠습니다.

【고소장(8)】 모욕죄 롤 게임 채팅창에서 인적사항을 오픈 계속해서 모욕하여 강력한 처벌요구 고소장

고　　　소　　　장

고 소 인 : ○　　○　　○

피 고소 인 : ○　　○　　○

청주시 ○○경찰서장 귀중

고 소 장

1. 고소인

<table>
<tr><td>성 명</td><td>○ ○ ○</td><td>주민등록번호</td><td colspan="2">생략</td></tr>
<tr><td>주 소</td><td colspan="4">청주시 ○○구 ○○로 ○○, ○○○-○○○○호</td></tr>
<tr><td>직 업</td><td>상업</td><td>사무실
주 소</td><td colspan="2">생략</td></tr>
<tr><td>전 화</td><td colspan="4">(휴대폰) 010 - 7765 - 0000</td></tr>
<tr><td>대리인에 의한
고 소</td><td colspan="4">□ 법정대리인 (성명 : , 연락처)
□ 고소대리인 (성명 : 변호사, 연락처)</td></tr>
</table>

2. 피고소인

성 명	무지
주 소	무지
아이디 · 닉네임	리그 오브 레전드 게임(LOL) 아이디 poiuyt002
전 화	(휴대폰) 무지
기타사항	고소인과의 관계 - 친 · 인척관계 없습니다.

3. 고소취지

고소인은 피고소인을 형법 제311조 모욕죄로 고소하오니 철저히 수사하여 법에 준엄함을 깨달을 수 있도록 엄벌에 처하여 주시기 바랍니다.

4. 범죄사실

(1) 적용법조

○ 형법 제311조 모욕죄

공연히 사람을 모욕한 자는 1년 이하의 징역이나 금고 또는 200만 원 이하의 벌금에 처한다.

(2) 범죄사실

가, 리그 오브 레전드(LOL) 게임은 5:5 게임으로 같은 편에 모르는 사람 4명이 필연적으로 필요한 게임입니다.

나, 고소인이 ○○○○. ○○. ○○. ○○:○○ 모르는 사람 4명과 한 팀이 되어 게임을 하게 되었는데 같은 편이 된 피고소인(아이디 "poiuyt002" 를 사용하는)이 게임 도중에 느닷없이 '야 개썹새끼야' 라고 욕설을 하여 고소인은 게임 내 채팅창을 통하여 청주시 상당구 ○○로 ○○길 ○○, ○○빌라 ○○○호에 사는 ○○세 휴대전화 ○○○-○○○○-○○○○이라고 밝히고 더 이상 모욕하지 말라고 하고 계속해서 모욕하면 고소하겠다고 하였습니다.(캡처화면 참조)

다, 그래도 피고소인은 이에 아랑곳하지 않고 계속해서 모욕의 수위를 더 높여 '미친놈이구만', '병신새끼야', '등신새끼야 뒤져라', '고소하려면 해봐라 등신새끼야' 라고 욕설을 게임 동안 내내 퍼부었습니다.

라, 고소인은 피고소인이 고소인에게 게임 중에 쉴 새 없이 퍼붓고 떠들어댔던 욕설을 모조리 스크린 샷하여 고소장 말미에 증거로 첨부하고 고소하오니 피고소인을 철저히 수사하여 엄히 처벌하여 주시기 바랍니다.

5. 범죄의 성립근거

(1) 피해자의 특정

○ 고소인은 피고소인이 욕설을 할 때 욕을 하지 말라고 하였고, 청주시 상당구 ○○로 ○○길 ○○, ○○빌라 ○○○호에 사는 ○○세 휴대전화 ○○○-○○○○-○○○○이라고 밝히고 더 이상 모욕하지 말라고 하고 계속해서 모욕하면 고소하겠다고 종용하였으나 피고소인은 계속 더 심한 욕설을 퍼부었습니다.

○ 이에 같은 게임방에 있던 고소인을 제외한 같은 유저들은 고소인이 어디에서 살고 있으며 무엇을 하고 있는 누구인지 알 수 있는 상태였기에 익명성이 보장된 인터넷 공간이지만 위와 같은 정보들로 인해 피해자인 고소인 본인이 충분히 특정 지어진 상태입니다.

○ 주위사정을 종합해 볼 때 피고소인이 해대는 욕설이 고소인에게 하는 것으로 다른 유저들이 알아차릴 수 있었기 때문에 피해자가 특정된다고 볼 수 있습니다.

(2) 공연성

○ 따라서 위 게임은 5대5, 10명('무등산언덕','poiuyt00 2','그리운 곳','시골마을길','행복이 있는 집','다람쥐','고급스러운 곳',' 생각하는 사람','인간마을','높은 산이 있는 도시')이 모여서 진행한 게임이고, 채팅내용은 팀원들 모두가 볼 수 있었으므로 공연성 또한 인정되며 전파가능성이 있습니다.

6. 증거자료

□ 고소인은 고소인의 진술 외에 제출할 증거가 없습니다.

■ 고소인은 고소인의 진술 외에 제출할 증거가 있습니다.

☞ 제출할 증거의 세부내역은 별지를 작성하여 첨부합니다.

7. 관련사건의 수사 및 재판여부

① 중복 고소여부	본 고소장과 같은 내용의 고소장을 다른 검찰청 또는 경찰서에 제출하거나 제출하였던 사실이 있습니다 □ / 없습니다 ■
② 관련 형사사건 수사 유무	본 고소장에 기재된 범죄사실과 관련된 사건 또는 공범에 대하여 검찰청이나 경찰서에서 수사 중에 있습니다 □ / 수사 중에 있지 않습니다 ■
③ 관련 민사소송 유무	본 고소장에 기재된 범죄사실과 관련된 사건에 대하여 법원에서 민사소송 중에 있습니다 □ / 민사소송 중에 있지 않습니다 ■

8. 기타

본 고소장에 기재한 내용은 고소인이 알고 있는 지식과 경험을 바탕으로 모두 사실대로 작성하였으며, 만일 허위사실을 고소하였을 때에는 형법 제156조 무고죄로 처벌받을 것임을 아울러 서약합니다.

○○○○ 년 ○○ 월 ○○ 일

위 고소인 : ○ ○ ○ (인)

청주시 ○○경찰서장 귀중

별지 : 증거자료 세부 목록

(범죄사실 입증을 위해 제출하려는 증거에 대하여 아래 각 증거 별로 해당 난을 구체적으로 작성해 주시기 바랍니다)

1. 인적증거

성　명	○ ○ ○	주민등록번호	생략	
주　소	○○시 ○○구 ○○로 ○○길 ○○○,		직업	사원
전　화	(휴대폰) 010 - 9876 - 0000			
입증하려는 내　용	위 ○○○은 고소인과 함께 게임을 한 사람으로 피고소인이 고소인에게 모욕한 사실을 직접 목격한 사실을 입증하고자 합니다.			

2. 증거서류

순번	증　거	작성자	제출 유무
1	스크린 샷	고소인	■ 접수시 제출　□ 수사 중 제출
2	진술서	고소인	■ 접수시 제출　□ 수사 중 제출
3			□ 접수시 제출　□ 수사 중 제출
4			□ 접수시 제출　□ 수사 중 제출
5			□ 접수시 제출　□ 수사 중 제출

3. 증거물

순번	증　거	소유자	제출 유무
1	스크린 샷	고소인	■ 접수시 제출　□ 수사 중 제출
2			□ 접수시 제출　□ 수사 중 제출
3			□ 접수시 제출　□ 수사 중 제출
4			□ 접수시 제출　□ 수사 중 제출
5			□ 접수시 제출　□ 수사 중 제출

4. 기타증거

추후 필요에 따라 제출하겠습니다.

【고소장(9)】 모욕죄 리그 오브 레전드 게임 채팅창에서 모욕 엄하게 처벌해 달라는 고소장

고 소 장

고 소 인 : ○ ○ ○

피 고소 인 : ○ ○ ○

전라남도 강진경찰서장 귀중

고 소 장

1. 고소인

성 명	○ ○ ○		주민등록번호	생략
주 소	전라남도 강진군 강진읍 ○○로 ○○, ○○○호			
직 업	상업	사무실 주 소	생략	
전 화	(휴대폰) 010 - 9123 - 0000			
대리인에 의한 고 소	□ 법정대리인 (성명 : , 연락처) □ 고소대리인 (성명 : 변호사, 연락처)			

2. 피고소인

성 명	무지
주 소	무지
아이디 · 닉네임	리그 오브 레전드 게임(LOL) 아이디 asdf1234
전 화	(휴대폰) 무지
기타사항	고소인과의 관계 - 친 · 인척관계 없습니다.

3. 고소취지

고소인은 피고소인을 형법 제311조 모욕죄로 고소하오니 철저히 수사하여 법에 준엄함을 깨달을 수 있도록 엄벌에 처하여 주시기 바랍니다.

4. 범죄사실

(1) 적용법조

○ 형법 제311조 모욕죄

공연히 사람을 모욕한 자는 1년 이하의 징역이나 금고 또는 200만 원 이하의 벌금에 처한다.

(2) 범죄사실

가, 고소인은 전라남도 목포시 ○○로 ○○○에 사는 친구 고소 외 ○○○와 ○○○○. ○○. ○○. 오후 19:50경 리그 오브 레전드 롤 게임을 하게 되었는데 고소인과 친구는 탑쉔이었고, “asdf1234” 이라는 아이디를 사용하는 피고소인은 정글 마스터였습니다.

나, 피고소인이 당할 위기에 처해 있어서 고소인이 다급한 마음에 피고소인을 도와주러 갔는데 가다보니 거의 빈사상태였습니다. 죽을 수도 있겠다는 생각으로 길을 멈추고 다시 라인을 복귀하였습니다. 그런데 피고소인이 느닷없이 고소인에게 “야 씹새끼야”, “개새끼야 ”, “병신새끼야”, “벌레 같은 새끼” 라는 욕설을 반복 지속적으로 하였습니다.

다, 고소인은 하도 어이가 없는 일이라 정중하게 고소인은 전라남도 강진군 강진읍 ○○로 ○○, ○○○호에 살고 나이는 ○○세이고 이름은 무엇이고 강진읍 내에서 오토바이대리점을 운영한다고 밝히고 더 이상 모욕을 하면 가차 없이 형사고소를 하겠다고 하고 욕을 하지 말라고 종용하였습니다.

라, 그러나 피고소인은 고소인의 종용에도 아랑곳하지 않고 계속해서 고소인에게 “재수 없는 새끼”, “씹팔새끼”, “개새끼야 뒤져버려라”, ‘고소하려면 해봐라 개새끼야’ 라는 수위를 점점 더 높여 반복해서 욕설을 했습니다.

마, 피고소인은 사과는 고사하고 오히려 고소하려면 골리는대로 마음대로 해보라며 “개새끼 미친놈” 이라면서 고소인의 친구와 같은 팀의 유저들이 보고 있는 가운데 조롱까지 했습니다.

바, 고소인으로서는 피고소인이 욕설을 퍼부으면서 즐거워하는 모습이 정말 고문을 당하는 기분이었습니다. 피고소인이 고소인에게 게임 중에 쉴 새 없이 퍼붓고 떠들어댔던 욕설을 모조리 스크린샷으로 찍고 캡처하여 고소장 말미에 첨부해 고소하오니 피고소인을 철저히 수사하여 엄벌에 처하여 주시기 바랍니다.

5. 범죄의 성립근거

(1) 피해자의 특정

○ 고소인은 피고소인이 욕설을 할 때 정중하게 고소인은 전라남도 강진군 강진읍 ○○로 ○○, ○○○호에 살고 나이는 ○○세이고 이름은 무엇이고 강진읍 내에서 오토바이대리점을 운영한다고 밝히고 더 이상 모욕을 하면 가차 없이 형사고소를 하겠다고 하고 욕을 하지 말라고 종용하였습니다.

○ 이에 같은 게임방에 있던 고소인과 고소인의 친구 고소 외 ○○○을 제외한 같은 유저들은 고소인이 어디에서 살고 있으며 무엇을 하고 있는 누구인지 알 수 있는 상태였기에 익명성이 보장된 인

터넷 공간이지만 위와 같은 정보들로 인해 피해자인 고소인 본인이 충분히 특정 지어진 상태입니다.

(2) 공연성

○ 따라서 위 게임은 5대5, 10명('asdf1234','kjhg0987','그리운 곳','시골마을길','행복이 있는 집','ggqwe3344','jnbvc1122','생각하는 사람','인간마을','mmnnbb2222')이 모여서 진행한 게임이고, 채팅내용은 팀원들 모두가 볼 수 있었으므로 공연성 또한 인정되며 전파가능성이 있습니다.

6.증거자료

□ 고소인은 고소인의 진술 외에 제출할 증거가 없습니다.

■ 고소인은 고소인의 진술 외에 제출할 증거가 있습니다.

☞ 제출할 증거의 세부내역은 별지를 작성하여 첨부합니다.

7.관련사건의 수사 및 재판여부

① 중복 고소여부	본 고소장과 같은 내용의 고소장을 다른 검찰청 또는 경찰서에 제출하거나 제출하였던 사실이 있습니다 □ / 없습니다 ■
② 관련 형사사건 수사 유무	본 고소장에 기재된 범죄사실과 관련된 사건 또는 공범에 대하여 검찰청이나 경찰서에서 수사 중에 있습니다 □ / 수사 중에 있지 않습니다 ■
③ 관련 민사소송 유무	본 고소장에 기재된 범죄사실과 관련된 사건에 대하여 법원에서 민사소송 중에 있습니다 □ / 민사소송 중에 있지 않습니다 ■

8. 기타

본 고소장에 기재한 내용은 고소인이 알고 있는 지식과 경험을 바탕으로 모두 사실대로 작성하였으며, 만일 허위사실을 고소하였을 때에는 형법 제156조 무고죄로 처벌받을 것임을 아울러 서약합니다.

○○○○ 년 ○○ 월 ○○ 일

위 고소인 : ○ ○ ○ (인)

전라남도 강진경찰서장 귀중

별지 : 증거자료 세부 목록

(범죄사실 입증을 위해 제출하려는 증거에 대하여 아래 각 증거별로 해당 난을 구체적으로 작성해 주시기 바랍니다)

1. 인적증거

성 명	○ ○ ○	주민등록번호	생략	
주 소	○○시 ○○구 ○○로 ○○길 ○○○,		직업	사원
전 화	(휴대폰) 010 - 9876 - 0000			
입증하려는 내 용	위 ○○○은 고소인과 함께 게임을 한 친구로서 피고소인이 고소인에게 모욕한 사실을 직접 목격한 사실을 입증하고자 합니다.			

2. 증거서류

순번	증 거	작성자	제출 유무
1	스크린 샷	고소인	■ 접수시 제출 □ 수사 중 제출
2	진술서	고소인	■ 접수시 제출 □ 수사 중 제출
3			□ 접수시 제출 □ 수사 중 제출
4			□ 접수시 제출 □ 수사 중 제출
5			□ 접수시 제출 □ 수사 중 제출

3. 증거물

순번	증 거	소유자	제출 유무
1	스크린 샷	고소인	■ 접수시 제출 □ 수사 중 제출
2			□ 접수시 제출 □ 수사 중 제출
3			□ 접수시 제출 □ 수사 중 제출
4			□ 접수시 제출 □ 수사 중 제출
5			□ 접수시 제출 □ 수사 중 제출

4. 기타증거

추후 필요에 따라 제출하겠습니다.

【고소장(10)】 인터넷 롤 게임 채팅창에서 욕설을 하여 모욕죄로 강력히 처벌을 요구하는 고소장

고 소 장

고 소 인 : ○ ○ ○

피 고소 인 : ○ ○ ○

인천 강화경찰서장 귀중

고 소 장

1. 고소인

성 명	○ ○ ○	주민등록번호	생략
주 소	인천시 강화군 강화읍 동문안길 ○○, ○○-○○○호		
직 업	회사원	사무실 주 소	생략
전 화	(휴대폰) 010 - 4321 - 0000		
대리인에 의한 고 소	□ 법정대리인 (성명 : , 연락처) □ 고소대리인 (성명 : 변호사, 연락처)		

2. 피고소인

성 명	poiuytr33	주민등록번호	알지 못합니다.
주 소	알지 못합니다.		
직 업	무지	사무실 주 소	생략
전 화	(휴대폰) 알지 못합니다.		
기타사항	고소인과의 관계 - 친 · 인척관계 없습니다.		

3. 고소취지

고소인은 피고소인을 형법 제311조 모욕죄에 근거하여 고소하오니 철저히 조사하여 법에 따라 처벌하여 주시기 바랍니다.

4. 범죄사실

가. 고소인은 생일날 집으로 찾아온 친구 ○○○, ○○○과 함께 게임을 하기 위해 ○○○○. ○○. ○○. ○○:○○ 리그 오브 레전드(LOL)게임에 들어갔는데 롤 게임은 5대5 10명이 모여서 하는 게임으로 같은 편에 모르는 사람 4명이 필연적으로 필요한 게임입니다.

나. 친구들과 같은 편으로 모르는 사람인 2명 중 "poiuytr33" 이라는 아이디를 사용하는 피고소인이 게임 중에 느닷없이 고소인에게 '야 개새끼야' , '병신새끼야','니 애미에게 교육 좀 다시 받아라' , '병신새끼 아니야'라고 경멸적 표현을 사용하며 부모님께도 입에 담을 수 없는 욕설을 퍼붓고 고소인에게 심한 모욕감을 주는 언행을 일삼았습니다.

다. 친구 ○○○, ○○○과 같이 하는 게임에서 피고소인이 고소인에게 쉴 새 없이 욕설을 퍼붓고 부모님까지 거론하며 떠들어댔던 화면을 모조리 스크린 샷으로 캡처하여 고소장 말미에 첨부해 고소하오니 피고소인을 철저히 수사하여 법에 준엄함을 깨달을 수 있도록 엄히 처벌하여 주시기 바랍니다.

5. 고소이유

고소인은 피고소인이 친구 ○○○, ○○○이 보고 있는 가운데 부모님을 비롯하여 고소인에게도 입에 담지 못할 욕설을 퍼붓고 모욕하는 채팅을 하였기에 처벌하지 않을 수 없어서 이 사건 고소에 이르게 되었습니다.

6. 범죄의 성립근거

가, 피해자의 특정

○ 고소인은 친구 ○○○, ○○○과 게임을 시작하기에 앞서 어디에서 근무하는 사람이고 어디에서 살고 있다고 전화번호를 밝히고 게임을 시작하였습니다.

○ 게임방에는 고소인의 친구 ○○○, ○○○도 같은 편으로 게임을 하고 있었기 때문에 고소인이 어디에서 무엇을 하고 있는 누구인지 알 수 있는 상태였기에 익명성이 보장된 인터넷 공간으로서 피해자인 고소인 본인이 충분히 특정지어진 상태입니다.

○ 한편, 고소인은 피고소인이 욕설을 할 때 살고 있는 곳과 하고 있는 직업과 전화번호와 실명을 밝히고 욕설을 하지 말라고 종용한 사실도 있었습니다.

○ 위와 같은 사정을 종합해 볼 때 피고소인의 욕설이 고소인의 친구 ○○○, ○○○을 비롯해서 다른 유저들도 고소인에게 하는 욕설이라는 사실을 알아차릴 수 있었기 때문에 피해자가 특정된다고 볼 수 있습니다.

나, 공연성

○ 따라서 위 게임은 5대5, 10명('마음이 따듯함','그리운 사람','큐큐미움','행복한마음','poiuytr33','따듯한 나라','싸랑싸랑','드디어 해방이다','부동산마을','바람바람')이 모여서 진행한 게임이고, 채팅내용은 팀원들 모두가 볼 수 있을 뿐만 아니라 특히 친구인 ○○○, ○○○이 게임을 같이 하였기 때문에 공연성 또한 인정되고 전파가능성이 있습니다.

7. 증거자료

□ 고소인은 고소인의 진술 외에 제출할 증거가 없습니다.

■ 고소인은 고소인의 진술 외에 제출할 증거가 있습니다.

☞ 제출할 증거의 세부내역은 별지를 작성하여 첨부합니다.

8. 관련사건의 수사 및 재판여부

① 중복 고소여부	본 고소장과 같은 내용의 고소장을 다른 검찰청 또는 경찰서에 제출하거나 제출하였던 사실이 있습니다 □ / 없습니다 ■
② 관련 형사사건 수사 유무	본 고소장에 기재된 범죄사실과 관련된 사건 또는 공범에 대하여 검찰청이나 경찰서에서 수사 중에 있습니다 □ / 수사 중에 있지 않습니다 ■
③ 관련 민사소송 유무	본 고소장에 기재된 범죄사실과 관련된 사건에 대하여 법원에서 민사소송 중에 있습니다 □ / 민사소송 중에 있지 않습니다 ■

9. 기타

본 고소장에 기재한 내용은 고소인이 알고 있는 지식과 경험을 바탕으로 모두 사실대로 작성하였으며, 만일 허위사실을 고소하였을 때에는 형법 제156조 무고죄로 처벌받을 것임을 아울러 서약합니다.

○○○○ 년 ○○ 월 ○○ 일

위 고소인 : ○ ○ ○ (인)

전라남도 강진경찰서장 귀중

별지 : 증거자료 세부 목록

(범죄사실 입증을 위해 제출하려는 증거에 대하여 아래 각 증거별로 해당 난을 구체적으로 작성해 주시기 바랍니다)

1. 인적증거

성 명	○ ○ ○	주민등록번호	생략	
주 소	○○시 ○○구 ○○로 ○○길 ○○○,		직업	사원
전 화	(휴대폰) 010 - 9876 - 0000			
입증하려는 내 용	위 ○○○은 고소인과 함께 게임을 한 친구로서 피고소인이 고소인에게 모욕한 사실을 직접 목격한 사실을 입증하고자 합니다.			

2. 증거서류

순번	증 거	작성자	제출 유무
1	스크린 샷	고소인	■ 접수시 제출 □ 수사 중 제출
2	진술서	고소인	■ 접수시 제출 □ 수사 중 제출
3			□ 접수시 제출 □ 수사 중 제출
4			□ 접수시 제출 □ 수사 중 제출
5			□ 접수시 제출 □ 수사 중 제출

3. 증거물

순번	증 거	소유자	제출 유무
1	스크린 샷	고소인	■ 접수시 제출 □ 수사 중 제출
2			□ 접수시 제출 □ 수사 중 제출
3			□ 접수시 제출 □ 수사 중 제출
4			□ 접수시 제출 □ 수사 중 제출
5			□ 접수시 제출 □ 수사 중 제출

4. 기타증거

추후 필요에 따라 제출하겠습니다.

【고소장(11)】 정보통신망 이용촉진 및 정보보호 등에 관한 법률위반 부호 문자 반복전송 처벌요구 고소장

고　　　소　　　장

고 소 인 : ○　　○　　○

피 고소 인 : ○　　○　　○

강원 삼척경찰서장 귀중

고 소 장

1. 고소인

<table>
<tr><td>성 명</td><td colspan="2">○ ○ ○</td><td>주민등록번호</td><td>생략</td></tr>
<tr><td>주 소</td><td colspan="4">강원도 삼척시 ○○로 ○길 ○○, ○○○-○○○호</td></tr>
<tr><td>직 업</td><td>상업</td><td>사무실
주 소</td><td colspan="2">생략</td></tr>
<tr><td>전 화</td><td colspan="4">(휴대폰) 010 - 6587 - 0000</td></tr>
<tr><td>대리인에 의한
고 소</td><td colspan="4">□ 법정대리인 (성명 : , 연락처)
□ 고소대리인 (성명 : 변호사, 연락처)</td></tr>
</table>

2. 피고소인

<table>
<tr><td>성 명</td><td colspan="2">무지</td><td>주민등록번호</td><td>무지</td></tr>
<tr><td>주 소</td><td colspan="4">무지</td></tr>
<tr><td>직 업</td><td>무지</td><td>사무실
주 소</td><td colspan="2">무지</td></tr>
<tr><td>전 화</td><td colspan="4">(휴대폰) 010 - 5543 - 0000</td></tr>
<tr><td>기타사항</td><td colspan="4">고소인과의 관계 - 친 · 인척관계 없습니다.</td></tr>
</table>

3. 고소취지

고소인은 피고소인을 정보통신망 이용촉진 및 정보보호 등에 관한 법률 제74조(벌칙) 제1항 제3호(정보통신망 이용촉진 및 정보보호 등에 관한 법률 제44조의7 제1항 제3호를 위반하여 공포심이나 불안감을 유발하는 부호를 반복적으로 상대방에게 도달하게 한 자)위반으로 고소하오니 철저히 수사하여 법에 준엄함을 깨달을 수 있도록 엄벌에 처하여 주시기 바랍니다.

4. 범죄사실

(1) 적용법조

○ 정보통신망 이용촉진 및 정보보호 등에 관한 법률 제74조(벌칙) 제1항 다음 각 호의 어느 하나에 해당하는 자는 1년 이하의 징역 또는 1천만 원 이하의 벌금에 처한다.

제3호 정보통신망 이용촉진 및 정보보호 등에 관한 법률 제44조의7(불법정보의 유통금지 등)제1항 제3호(공포심이나 불안감을 유발하는 부호를 반복적으로 상대방에게 도달하도록 하는 내용의 정보)를 위반하여 공포심이나 불안감을 유발하는 부호를 반복적으로 상대방에게 도달하게 한 자

(2) 범죄사실

가, 피고소인은 ○○○○. ○○. ○○. ○○:○○경 자신의 휴대전화 ○○○-○○○○-○○○○번호로 고소인의 휴대전화 ○○○-○○○○-○○○○번으로 부호(일정한 뜻을 나타내기 위하여 따로 정하여 쓰는 기호) 'ㅆㅍㅆㅍㅆㅍ' , 'ㅊㅊㅋㅋㅎㅎ' , 'ㅈㅋㅈㅋ' 라고 문자메시지를 전송하였습니다.

나, 피고소인은 ○○○○. ○○. ○○. ○○:○○경 위 같은 방법으로 계속해서 '부--싱' , 'ㅎㄱㅎㄱ' , 'ㅊㅋㅊㅋㅊㅋ' 라고 문자메시지를 전송하였습니다.

다, 피고소인은 ○○○○. ○○. ○○. ○○:○○경 위 같은 방법으로 ' ㄷ-ㅅ-ㅆ-ㅍ' , '개--ㅈㄴㅁ' 라고 문자메시지를 전송하였습니다.

라, 피고소인은 ○○○○. ○○. ○○. ○○:○○경 위 같은 방법으로 '죽-ㄱ-ㅅ-', '니가 지쳐서 쓰러질때까지 계속 괴롭힐거다' 라고 문자메시지를 전송하였습니다.

마, 피고소인은 ○○○○. ○○. ○○. ○○:○○경 위 같은 방법으로 'ㅎㅎㅎㅎ'. 'ㅊㅊㅊㅊ', 'ㅋㅋㅋㅋ' 라고 문자메시지를 전송하였습니다.

바, 피고소인은 ○○○○. ○○. ○○. ○○:○○경부터 ○○○○. ○○. ○○. ○○:○○경까지 총 5회에 걸쳐 공포심이나 불안감을 유발하는 위 부호 문자메시지를 반복적으로 전송하고 있습니다.

사, 고소인으로서는 피고소인이 누군지도 모르는데 계속해서 위 부호 문자메시지를 보내는 심한 정신적 충격을 받아 고통에 시달리고 있으므로 피고소인을 철저히 수사하여 엄벌에 처하여 주시기 바랍니다.

(3) 고소인의 피해사항

가, 고소인은 피고소인의 위 행위로 인하여 공포심은 물론이고 불안감을 느끼고 도저히 참을 수 없어서 정신과적 치료까지 받고 있습니다.

나, 전화를 켜놓기가 무섭고 불면증까지 얻어 시달리고 있습니다.

5. 고소이유

(1) 피고소인에 대한 처벌의 필요성

가, 피고소인은 고소인에게 알 수도 없고 이해할 수 없는 부호 문자메시지를 지속적으로 계속해서 전송하고 있습니다.

나, 피고소인은 공포심이나 불안감을 유발하는 부호를 반복적으로 도달하게 한 행위로 '사회통념상 일반인에게 두려워하고 무서워하는 마음, 마음이 편하지 아니하고 조마조마한 느낌을 일으킬 수 있는 내용의 부호를 되풀이하여 전송하는 일련의 행위에 해당하므로 도저히 용서할 수 없는 상황에까지 이르러 강력한 처벌을 원하는 바입니다.

다, 판례에서도 공포심이나 불안감을 유발하는 부호·문언을 반복적으로 도달하게 한 행위는 '사회통념상 일반인에게 두려워하고 무서워하는 마음, 마음이 편하지 아니하고 조마조마한 느낌을 일으킬 수 있는 내용의 문언을 되풀이하여 전송하는 일련의 행위를 의미하는 것으로 풀이할 수 있다고 밝히고 있으므로 피고소인의 위 행위는 정보통신망 이용촉진 및 정보보호 등에 관한 법률 제74조(벌칙) 제1항 제3호 정보통신망 이용촉진 및 정보보호 등에 관한 법률 제44조의7(불법정보의 유통금지 등)제1항 제3호(공포심이나 불안감을 유발하는 부호를 반복적으로 상대방에게 도달하도록 하는 내용의 정보)를 위반하여 공포심이나 불안감을 유발하는 부호를 반복적으로 상대방에게 도달하게 한 자에 해당되어 1년 이하의 징역 또는 1천만 원 이하의 벌금에 처할 수 있습니다.

6. 증거자료

□ 고소인은 고소인의 진술 외에 제출할 증거가 없습니다.

■ 고소인은 고소인의 진술 외에 제출할 증거가 있습니다.

☞ 제출할 증거의 세부내역은 별지를 작성하여 첨부합니다.

7. 관련사건의 수사 및 재판여부

① 중복 고소여부	본 고소장과 같은 내용의 고소장을 다른 검찰청 또는 경찰서에 제출하거나 제출하였던 사실이 있습니다 □ / 없습니다 ■
② 관련 형사사건 수사 유무	본 고소장에 기재된 범죄사실과 관련된 사건 또는 공범에 대하여 검찰청이나 경찰서에서 수사 중에 있습니다 □ / 수사 중에 있지 않습니다 ■
③ 관련 민사소송 유무	본 고소장에 기재된 범죄사실과 관련된 사건에 대하여 법원에서 민사소송 중에 있습니다 □ / 민사소송 중에 있지 않습니다 ■

8. 기타

본 고소장에 기재한 내용은 고소인이 알고 있는 지식과 경험을 바탕으로 모두 사실대로 작성하였으며, 만일 허위사실을 고소하였을 때에는 형법 제156조 무고죄로 처벌받을 것임을 아울러 서약합니다.

○○○○ 년 ○○ 월 ○○ 일

위 고소인 : ○ ○ ○ (인)

강원 삼척경찰서장 귀중

별지 : 증거자료 세부 목록

(범죄사실 입증을 위해 제출하려는 증거에 대하여 아래 각 증거 별로 해당 난을 구체적으로 작성해 주시기 바랍니다)

1. 인적증거

<table>
<tr><td>성 명</td><td>○ ○ ○</td><td>주민등록번호</td><td colspan="2">생략</td></tr>
<tr><td>주 소</td><td colspan="2">강원도 삼척시 ○○로 ○○길 ○○,</td><td>직업</td><td>상업</td></tr>
<tr><td>전 화</td><td colspan="4">(휴대전화) 010 - 9876 - 0000</td></tr>
<tr><td>입증하려는 내 용</td><td colspan="4">위 ○○○은 고소인의 남편으로서 피고소인이 고소인에게 지속적으로 부호 문자메시지를 전송한 사실에 대하여 자세히 알고 있어 이를 증명하기 위함에 있습니다.</td></tr>
</table>

2. 증거서류

순번	증 거	작성자	제출 유무
1	문자메시지	고소인	■ 접수시 제출 □ 수사 중 제출
2	캡처화면	고소인	■ 접수시 제출 □ 수사 중 제출
3			□ 접수시 제출 □ 수사 중 제출
4			□ 접수시 제출 □ 수사 중 제출
5			□ 접수시 제출 □ 수사 중 제출

3. 증거물

순번	증 거	소유자	제출 유무
1	캡처화면	고소인	■ 접수시 제출 □ 수사 중 제출
2			□ 접수시 제출 □ 수사 중 제출
3			□ 접수시 제출 □ 수사 중 제출
4			□ 접수시 제출 □ 수사 중 제출
5			□ 접수시 제출 □ 수사 중 제출

4. 기타증거

추후 필요에 따라 제출하겠습니다.

【고소장(12)】 정보통신망 이용촉진 및 정보보호 등에 관한 법률위반 문언 문자 반복전송 처벌요구 고소장

고　　　소　　　장

고 소 인 : ○　　○　　○

피 고소 인 : ○　　○　　○

광주시 남부경찰서장 귀중

고 소 장

1. 고소인

성 명	○ ○ ○		주민등록번호	생략
주 소	광주광역시 남구 ○○로○○길 ○○,○○○-○○○호			
직 업	상업	사무실 주 소	생략	
전 화	(휴대폰) 010 - 2987 - 0000			
대리인에 의한 고 소	□ 법정대리인 (성명 : , 연락처) □ 고소대리인 (성명 : 변호사, 연락처)			

2. 피고소인

성 명	무지		주민등록번호	무지
주 소	무지			
직 업	무지	사무실 주 소	무지	
전 화	(휴대폰) 010 - 5543 - 0000			
기타사항	고소인과의 관계 - 친 · 인척관계 없습니다.			

3. 고소취지

고소인은 피고소인을 정보통신망 이용촉진 및 정보보호 등에 관한 법률 제74조(벌칙) 제1항 제3호(정보통신망 이용촉진 및 정보보호 등에 관한 법률 제44조의7 제1항 제3호를 위반하여 공포심이나 불안감을 유발하는 문언을 반복적으로 상대방에게 도달하게 한 자)위반으로 고소하오니 철저히 수사하여 법에 준엄함을 깨달을 수 있도록 엄벌에 처하여 주시기 바랍니다.

4. 범죄사실

(1) 적용법조

○ 정보통신망 이용촉진 및 정보보호 등에 관한 법률 제74조(벌칙) 제1항 다음 각 호의 어느 하나에 해당하는 자는 1년 이하의 징역 또는 1천만 원 이하의 벌금에 처한다.

제3호 정보통신망 이용촉진 및 정보보호 등에 관한 법률 제44조의7(불법정보의 유통금지 등)제1항 제3호(공포심이나 불안감을 유발하는 문언을 반복적으로 상대방에게 도달하도록 하는 내용의 정보)를 위반하여 공포심이나 불안감을 유발하는 문언을 반복적으로 상대방에게 도달하게 한 자

(2) 범죄사실

가, 피고소인은 ○○○○. ○○. ○○. ○○:○○경 자신의 휴대전화 ○○○-○○○○-○○○○번호로 고소인의 휴대전화 ○○○-○○○○-○○○○번으로 "꺼져", '사라져', '뒈져라', '양아치', '거지' 라고 문자메시지를 전송하였습니다.

나, 피고소인은 ○○○○. ○○. ○○. ○○:○○경 위 같은 방법으로 계속해서 '쓰레기 같이', '사라져라', '없어져라' 라고 문자메시지를 전 송하였습니다.

다, 피고소인은 ○○○○. ○○. ○○. ○○:○○경 위 같은 방법으로 ' 왜 사냐', '보기 싫다', '썩는 냄새 난다', '왜 안 죽고 살아 있네' 라고 문자메시지를 전송하였습니다.

라, 피고소인은 ○○○○. ○○. ○○. ○○:○○경 위 같은 방법으로 '사고나 당해라', '명도 길어', '밤길 조심해라' 라고 문자메시지를 전송하였습니다.

마, 피고소인은 ○○○○. ○○. ○○. ○○:○○경 위 같은 방법으로 '음식 조심해라', '멀리 떠나거라' 라고 문자메시지를 전송하였습니다.

바, 피고소인은 ○○○○. ○○. ○○. ○○:○○경부터 ○○○○. ○○. ○○. ○○:○○경까지 총 5회에 걸쳐 총 17개의 문언을 고소인에게 반복적으로 전송하여 공포심이나 불안감을 유발시켰습니다.

사, 고소인으로서는 피고소인이 누군지도 모르는데 계속해서 위 문언을 문자메시지를 통하여 전송하는 바람에 심한 정신적 충격을 받아 고통에 시달리고 있으므로 피고소인을 철저히 수사하여 엄벌에 처하여 주시기 바랍니다.

(3) 고소인의 피해사항

가, 고소인은 피고소인의 위 행위로 인하여 공포심은 물론이고 불안감을 느끼고 도저히 참을 수 없어서 정신과적 치료까지 받고 있습니다.

나, 전화를 켜놓기가 무섭고 불면증까지 얻어 시달리고 있습니다.

5. 고소이유

(1) 피고소인에 대한 처벌의 필요성

가, 피고소인은 고소인에게 알 수도 없는 문언을 지속적으로 문자 메시지를 통하여 전송하고 있습니다.

나, 피고소인은 공포심이나 불안감을 유발하는 문언을 반복적으로 도달하게 한 행위는 '사회통념상 일반인에게 두려워하고 무서워하는 마음, 마음이 편하지 아니하고 조마조마한 느낌을 일으킬 수 있는 내용의 문언을 되풀이하여 전송하는 일련의 행위에 해당하므로 도저히 용서할 수 없는 상황에까지 이르렀으므로 강력한 처벌을 원하는 바입니다.

다, 판례에 의하면 공포심이나 불안감을 유발하는 문언을 반복적으로 도달하게 한 행위는 '사회통념상 일반인에게 두려워하고 무서워하는 마음, 마음이 편하지 아니하고 조마조마한 느낌을 일으킬 수 있는 내용의 문언을 되풀이하여 전송하는 일련의 행위를 의미하는 것으로 풀이할 수 있다고 밝히고 있으므로 피고소인의 위 행위는 정보통신망 이용촉진 및 정보보호 등에 관한 법률 제74조(벌칙) 제1항 제3호 정보통신망 이용촉진 및 정보보호 등에 관한 법률 제44조의7(불법정보의 유통금지 등)제1항 제3호(공포심이나 불안감을 유발하는 문언을 반복적으로 상대방에게 도달하도록 하는 내용의 정보)를 위반하여 공포심이나 불안감을 유발하는 문언을 반복적으로 고소인에게 도달하였으므로 피고소인을 1년 이하의 징역 또는 1천만 원 이하의 벌금에 처할 수 있습니다.

6.증거자료

□ 고소인은 고소인의 진술 외에 제출할 증거가 없습니다.

■ 고소인은 고소인의 진술 외에 제출할 증거가 있습니다.

☞ 제출할 증거의 세부내역은 별지를 작성하여 첨부합니다.

7.관련사건의 수사 및 재판여부

① 중복 고소여부	본 고소장과 같은 내용의 고소장을 다른 검찰청 또는 경찰서에 제출하거나 제출하였던 사실이 있습니다 □ / 없습니다 ■
② 관련 형사사건 수사 유무	본 고소장에 기재된 범죄사실과 관련된 사건 또는 공범에 대하여 검찰청이나 경찰서에서 수사 중에 있습니다 □ / 수사 중에 있지 않습니다 ■
③ 관련 민사소송 유무	본 고소장에 기재된 범죄사실과 관련된 사건에 대하여 법원에서 민사소송 중에 있습니다 □ / 민사소송 중에 있지 않습니다 ■

8.기타

본 고소장에 기재한 내용은 고소인이 알고 있는 지식과 경험을 바탕으로 모두 사실대로 작성하였으며, 만일 허위사실을 고소하였을 때에는 형법 제156조 무고죄로 처벌받을 것임을 아울러 서약합니다.

○○○○ 년 ○○ 월 ○○ 일

위 고소인 : ○ ○ ○ (인)

광주시 남부경찰서장 귀중

별지 : 증거자료 세부 목록

(범죄사실 입증을 위해 제출하려는 증거에 대하여 아래 각 증거 별로 해당 난을 구체적으로 작성해 주시기 바랍니다)

1. 인적증거

성 명	○ ○ ○	주민등록번호	생략	
주 소	광주광역시 ○○구 ○○로 ○○길 ○○,		직업	회사원
전 화	(휴대전화) 010 - 9876 - 0000			
입증하려는 내 용	위 ○○○은 고소인의 친구로서 피고소인이 고소인에게 지속적으로 문자메시지를 전송한 사실에 대하여 자세히 알고 있어 이를 증명하기 위함에 있습니다.			

2. 증거서류

순번	증 거	작성자	제출 유무
1	문자메시지	고소인	■ 접수시 제출 □ 수사 중 제출
2	캡처화면	고소인	■ 접수시 제출 □ 수사 중 제출
3			□ 접수시 제출 □ 수사 중 제출
4			□ 접수시 제출 □ 수사 중 제출
5			□ 접수시 제출 □ 수사 중 제출

3. 증거물

순번	증 거	소유자	제출 유무
1	캡처화면	고소인	■ 접수시 제출 □ 수사 중 제출
2			□ 접수시 제출 □ 수사 중 제출
3			□ 접수시 제출 □ 수사 중 제출
4			□ 접수시 제출 □ 수사 중 제출
5			□ 접수시 제출 □ 수사 중 제출

4. 기타증거

추후 필요에 따라 제출하겠습니다.

진 정 서

진 정 인 : ○ ○ ○

피 진정 인 : ○ ○ ○

부산시 금정경찰서장 귀중

진 정 서

1. 진 정 인

성 명	○ ○ ○	주민등록번호	생략
주 소	부산시 금정구 중앙대로 ○○○, ○○○-○○○호		
직 업	학생	사무실 주 소	생략
전 화	(휴대폰) 010 - 1345 - 0000		
대리인에 의한 고 소	□ 법정대리인 (성명 : , 연락처) □ 고소대리인 (성명 : 변호사, 연락처)		

2. 피진정인

성 명	불상	주민등록번호	불상
주 소	불상		
직 업	불상	사무실 주 소	불상
전 화	(휴대폰) 010 - 9812 - 0000		
기타사항	휴대폰으로 장난전화		

3. 진정취지

진정인은 피진정인을 경범죄처벌법 제3조 제40호(장난전화 등)의 혐의로 진정하오니 철저히 수사하여 피진정인이 법에 준엄함을 절실히 깨달을 있도록 엄벌에 처하여 주시기 바랍니다.

4. 진정원인

(1) 범죄사실

○ 진정인은 주소지에 거주하는 학생으로서 3년 전부터 계속하여 사용하고 있는 휴대전화 ○○○-○○○○-○○○○번으로 피진정인이 사용하는 휴대전화 ○○○-○○○○-○○○○번으로 수도 없이 전화를 걸어 길게 거는 것도 아니고 짧게 걸고 끊는 식의 누가 봐도 이것은 장난전화 형식입니다.

○ 피진정인은 수시로 진정인에게 전화를 하여 전화를 걸지 말라고 수차례 알렸음에도 불구하고 ○○○○. ○○. ○○. 20:12경부터 20:50경까지 계속 8회에 걸쳐 반복하여 전화를 했습니다.

○ 이제는 화가 나서 누구냐 모르는 사람이니 전화하지 말라고 했지만 무시하고 계속 전화하여 전화를 받지 않아도 연속으로 전화를 하고 괴롭히고 있습니다.

○ 진정인이 거부하였음에도 불구하고 피진정인이 반복적으로 계속 전화하여 진정인을 불편하게 만드는 행위는 경범죄처벌법 제3조 제40호 장난전화에 해당합니다.

(2) 경범죄처벌법 제3조(경범죄의 종류)

○ 제1항 다음 각 호의 어느 하나에 해당하는 사람은 10만 원 이하의 벌금, 구류 또는 과료의 형으로 처벌한다.

○ 제40호(장난전화 등) 정당한 이유 없이 다른 사람에게 전화, 문자메시지, 편지, 전자우편, 전자문서 등을 여러 차례 되풀이하여 괴롭힌 사람.

○ 그러므로 피진정인의 범행은 경범죄처벌법에 저촉됩니다.

(3) 결론

○ 이에 진정인은 피진정인을 경범죄처벌법 제3조 제40호(장난전화 등)혐의로 진정하오니 철저히 수사하여 엄벌에 처하여 주시기 바랍니다.

5. 증거자료

□ 고소인은 고소인의 진술 외에 제출할 증거가 없습니다.

■ 고소인은 고소인의 진술 외에 제출할 증거가 있습니다.

☞ 제출할 증거의 세부내역은 별지를 작성하여 첨부합니다.

6. 관련사건의 수사 및 재판 여부

① 중복 고소여부	본 고소장과 같은 내용의 고소장을 다른 검찰청 또는 경찰서에 제출하거나 제출하였던 사실이 있습니다 □ / 없습니다 ■
② 관련 형사사건 수사 유무	본 고소장에 기재된 범죄사실과 관련된 사건 또는 공범에 대하여 검찰청이나 경찰서에서 수사 중에 있습니다 □ / 수사 중에 있지 않습니다 ■
③ 관련 민사소송 유무	본 고소장에 기재된 범죄사실과 관련된 사건에 대하여 법원에서 민사소송 중에 있습니다 □ / 민사소송 중에 있지 않습니다 ■

7. 기타

본 진정서에 기재한 내용은 진정인이 알고 있는 지식과 경험을 바탕으로 모두 사실대로 작성하였습니다.

○○○○ 년 ○○ 월 ○○ 일

위 진정인 : ○ ○ ○ (인)

부산시 금정경찰서장 귀중

별지 : 증거자료 세부 목록

(범죄사실 입증을 위해 제출하려는 증거에 대하여 아래 각 증거별로 해당 난을 구체적으로 작성해 주시기 바랍니다)

1.인적증거 (목격자, 기타 참고인 등)

<table>
<tr><td>성 명</td><td></td><td>주민등록번호</td><td colspan="2"></td></tr>
<tr><td>주 소</td><td colspan="2">자택 :
직장 :</td><td>직업</td><td></td></tr>
<tr><td>전 화</td><td colspan="4">(휴대폰)</td></tr>
<tr><td>입증하려는
내 용</td><td colspan="4"></td></tr>
</table>

2.증거서류(진술서, 차용증, 각서, 진단서 등)

순번	증 거	작성자	제출 유무
1	메시지 캡처	진정인	■ 접수시 제출 □ 수사 중 제출
2	진정인 발송 메시지	진정인	■ 접수시 제출 □ 수사 중 제출
3			□ 접수시 제출 □ 수사 중 제출
4			□ 접수시 제출 □ 수사 중 제출
5			□ 접수시 제출 □ 수사 중 제출

3.증거물

순번	증 거	소유자	제출 유무
1	캡처	진정인	■ 접수시 제출 □ 수사 중 제출
2	메시지 캡처	진정인	■ 접수시 제출 □ 수사 중 제출
3			□ 접수시 제출 □ 수사 중 제출
4			□ 접수시 제출 □ 수사 중 제출
5			□ 접수시 제출 □ 수사 중 제출

4. 기타 증거

필요에 따라 수시 제출하겠습니다.

【진정서(14)】 경범죄처벌법위반 모욕성 발언 공연성 없어 장난전화 처벌요구 진정서

진　　　정　　　서

진 정 인 : ○　　○　　○

피 진정 인 : ○　　○　　○

경기도 하남경찰서장 귀중

진 정 서

1. 진 정 인

성 명	○ ○ ○		주민등록번호	생략
주 소	경기도 하남시 ○○로 ○○, ○○○-○○○호			
직 업	상업	사무실 주 소	생략	
전 화	(휴대폰) 010 - 2329 - 0000			
대리인에 의한 고 소	□ 법정대리인 (성명 : , 연락처) □ 고소대리인 (성명 : 변호사, 연락처)			

2. 피진정인

성 명	불상		주민등록번호	불상
주 소	불상			
직 업	불상	사무실 주 소	불상	
전 화	(휴대폰) 010 - 6788 - 0000			
기타사항	휴대폰으로 모욕적인 메시지 반복하여 발송			

3. 진정취지

진정인은 피진정인을 경범죄처벌법 제3조 제40호(장난전화 등)의 혐의로 진정하오니 철저히 수사하여 피진정인이 법에 준엄함을 절실히 깨달을 있도록 엄벌에 처하여 주시기 바랍니다.

4. 진정원인

(1) 범죄사실

○ 진정인은 주소지에 거주하는 주부로서 피진정인이 어디에 사는 누구인지 전혀 모르는 사람인데 ○○○○. ○○. ○○. 15:20경 피진정인이 사용하는 휴대전화 ○○○-○○○○-○○○○으로 진정인의 휴대폰 ○○○-○○○○-○○○○으로

1. 야! 미친년아 만나자.
2. 씹팔년
3. 망할년아

전송한데 이어 ○○○○. ○○. ○○. 15:30경 위 같은 방법으로

4. 야! 이년아 만나자
5. 개 같은 놈
6. 왜 대답을 못하냐 이년아
7. 병신 같은 년

같은 ○○○○. ○○. ○○. 15:41경 위 같은 방법으로

8. 씹팔년아 왜 가만 있냐.
9. 미친년

○ 이라는 모욕적인 언사를 정당한 이유 없이 메시지를 여러 차례 되풀이하여 진정인에게 보내고 진정인을 괴롭힌 사실이 있습니다.

(2) 진정인의 고지

○ 이에 진정인은 피진정인을 알지도 못하는 사람이고 전혀 피진정인이 사용하는 휴대전화번호 또한 모르는 번호이기에 메시지로 응답하면서 피진정인에게 다시 한 번 더 잘못 알고 보낸 것 아닌지 메시지를 보내지 말 것을 ○○○○. ○○. ○○. 15:22경에 피진정인에게 알렸음에도 불구하고 피진정인은 위와 같이 15:30경, 15:41경 2회에 걸쳐 계속해서 피진정인은 진정인에게 모욕적인 메시지를 반복해서 보냈습니다.

(3) 모욕죄

○ 모욕죄는 공연히 사람을 모욕할 것임을 요하며, 여기서 '공연히'란 「불특정 또는 다수인이 인식할 수 있는 상태」를 말하는 것이므로 휴대폰에 모욕적인 메시지가 수신된 경우라면 모욕죄의 성립요건인 ‘공연성’을 인정하기 어렵다 할 것입니다.

○ 그러므로 휴대폰으로 모욕적인 메이지를 반복하여 보내는 경우 공연성이 성립되지 않으므로 모욕죄는 성립하지 않습니다.

(4) 경범죄처벌법

○ 피진정인의 모욕적인 메시지가 수차례 계속되고 그 정도가 심한 경우 경범죄처벌법 제3조 제40호(장난전화 등) '정당한 이유 없이 다른 사람에게 전화 또는 편지를 여러 차례 되풀이하여 괴롭힌 사람' 에 해당하여 휴대폰으로 모욕적인 메시지를 반복하여 보내는 경우 경범죄처벌법에 의하여 처벌할 수 있습니다.

(5) 결론

○ 이에 진정인은 피진정인을 경범죄처벌법 제3조 제40호(장난전화 등)혐의로 진정하오니 철저히 수사하여 엄벌에 처하여 주시기 바랍니다.

5. 증거자료

□ 고소인은 고소인의 진술 외에 제출할 증거가 없습니다.

■ 고소인은 고소인의 진술 외에 제출할 증거가 있습니다.

☞ 제출할 증거의 세부내역은 별지를 작성하여 첨부합니다.

6. 관련사건의 수사 및 재판 여부

① 중복 고소여부	본 고소장과 같은 내용의 고소장을 다른 검찰청 또는 경찰서에 제출하거나 제출하였던 사실이 있습니다 □ / 없습니다 ■
② 관련 형사사건 수사 유무	본 고소장에 기재된 범죄사실과 관련된 사건 또는 공범에 대하여 검찰청이나 경찰서에서 수사 중에 있습니다 □ / 수사 중에 있지 않습니다 ■
③ 관련 민사소송 유무	본 고소장에 기재된 범죄사실과 관련된 사건에 대하여 법원에서 민사소송 중에 있습니다 □ / 민사소송 중에 있지 않습니다 ■

7. 기타

본 진정서에 기재한 내용은 진정인이 알고 있는 지식과 경험을 바탕으로 모두 사실대로 작성하였습니다.

○○○○ 년 ○○ 월 ○○ 일

위 진정인 : ○ ○ ○ (인)

경기도 하남경찰서장 귀중

별지 : 증거자료 세부 목록

(범죄사실 입증을 위해 제출하려는 증거에 대하여 아래 각 증거 별로 해당 난을 구체적으로 작성해 주시기 바랍니다)

1.인적증거 (목격자, 기타 참고인 등)

성 명		주민등록번호			
주 소	자택 : 직장 :			직업	
전 화	(휴대폰)				
입증하려는 내 용					

2.증거서류(진술서, 차용증, 각서, 진단서 등)

순번	증 거	작성자	제출 유무
1	메시지 캡처	진정인	■ 접수시 제출 □ 수사 중 제출
2	진정인 발송 메시지	진정인	■ 접수시 제출 □ 수사 중 제출
3			□ 접수시 제출 □ 수사 중 제출
4			□ 접수시 제출 □ 수사 중 제출
5			□ 접수시 제출 □ 수사 중 제출

3.증거물

순번	증 거	소유자	제출 유무
1	캡처	진정인	■ 접수시 제출 □ 수사 중 제출
2	메시지 캡처	진정인	■ 접수시 제출 □ 수사 중 제출
3			□ 접수시 제출 □ 수사 중 제출
4			□ 접수시 제출 □ 수사 중 제출
5			□ 접수시 제출 □ 수사 중 제출

4. 기타 증거

필요에 따라 수시 제출하겠습니다.

제3편

피고소인 대응방법

제1장
명예훼손, 모욕죄 대응방법

제1장/

명예훼손, 모욕죄 대응방법 -

명예훼손, 모욕죄로 인해 피해를 받은 사람이 있는 반면, 한편으로는 명예훼손, 모욕죄로 인하여 고소를 당한 측도 있기 마련입니다. 최근에는 사이버상의 명예훼손, 모욕으로 인하여 고소를 당하는 경우가 크게 증가하여 예기치 않게 고소 사건에 휘말리는 경우도 적지 않습니다. 따라서 본 장에서는 명예훼손, 모욕으로 고소를 당한 사람이 어떻게 대응해야 하는지 제시하고자 합니다.

제1절/

경찰서 조사 받을 시 대응방법 -

(1) 경찰 조사

- 누구나 처벌을 받을 수 있다거나 법정에 서게 된다는 가정을 하게 되면 사건의 경중을 떠나 심리적 압박감이 클 수밖에 없습니다.

- 고소장이나 고발장 또는 진정서가 경찰서에 접수되면 경찰서에서는 사안에 따라 강력사건인 경우 형사과 강력계에 배당하고 경제범죄나 일반 사건인 경우 수사과 조사계로 각각 배당하고 담당 수사관은 먼저 고소인을 상대로 왜 고소를 하게 되었는지 조사하고 피해사실이 무엇인지 수사하여 사건내용을 파악합니다.

- 그 다음으로 피고소인을 소환하여 고소인의 주장과 근거를 바탕으로 피고소인에게 상황별, 사안별로 집요하게 조사를 하며, 고소인의 주장이 맞는지를 확인하기 시작합니다.

- 이러한 경찰서 조사관이 고소인이나 피고소인을 상대로 조사하는 것을 실무에서는 '경찰조사' 라고 합니다.

- 당연히 고소인이나 피고소인은 자신에게 유리한 대로 진술할 것이지만 조사관은 고소인이나 피고소인이 제출한 증거자료나 제시한 물증을 제시하며 이러한 사실이 있지 않았었냐고 점점 사실관계에 대해 강한 압박을 해 옵니다.

- 이때부터 누구든 패닉상태에 빠지게 됩니다.

- 피고소인으로서는 당시 상황에 대해서 잘 기억이 안 날 수도 있고 또 뭔가 크게 잘못되고 있는 것 같기도 하고 횡설수설 앞뒤 답변 내용의 일관성이 흐트러지기 마련입니다.

- 이때를 기다렸다는 듯이 조사관은 피고소인에게 추궁은 더욱 날카로워지고 아예 죄를 모두 인정하라는 것으로 나오고 부랴부랴 조사를 마무리하고 마는 경우도 정말 많습니다.

- 조사관은 제3자의 객관적 지위에 있고 피고소인이라고 하더라도 무죄추정의 원칙에 따라 죄가 인정된 것도 아니지만 기본적으로 고소인의 주장에 어느 정도 타당성이나 신빙성이 있을 경우에 고소인의 입장에서 조사를 하고 있습니다.

- 이렇게 조사를 받다보면 사건의 내용 자체는 별 것도 아닌데 피고소인이 마치 엄청난 범죄자가 된 기분이 들겠지만 피고소인이 제출하는 증거자료를 조사관이 제대로 살펴보지 않고 무시해 버리는 경향이 많습니다.

- 형사사건은 초동수사가 유무죄를 좌우합니다.

- 고소인이든 고발인이든 진정인이든 피해진술을 그만큼 잘 받아야 하고 범행을 증명하여야겠지만 피고소인이든 피의자는 피의자신문조서를 잘 받아야합니다.

(2) 송치의견서

- 조사관은 고소장이나 고발장 또는 진정사건의 조사를 마치면 지금까지 자신이 조사를 통하여 느낀 과정을 의견서에 담아 사건기록과 함께 검찰청으로 보내는 데 이를 '송치의견서' 라고 합니다.

- 형사소송법에 의하면 모든 형사사건의 수사에 있어 최종결정권자는 검사가 하도록 되어있습니다.

- 대부분 고소나 고발 또는 진정사건이 접수와 상관없이 거의 경찰서에서 조사를 하고 수사의 결론을 위해서 수사기록은 모두 검사에게 보내야 하는 데 이러한 절차를 송치한다고 하는 것입니다.

- 그래서 경찰서 조사관이 조사한 결과에 대하여 의견서를 작성해 송치서에 첨부하는 데 송치의견서에는 수사가 어떻게 이루어졌는지 경찰관의 생각이 고스란히 기재되어 있습니다.

- 검사가 고소나 고발사건을 최종적으로 결정할 때는 먼저 경찰관이 작성한 송치의견서부터 읽어보고 그 다음 반드시 고소장이나 고발장 그리고 진정서를 모두 읽어 두 가지를 비교 검토한 후 유·무죄를 결정합니다.

- 그러므로 고소장이나 고발장 그리고 진정서를 읽어보면 범죄 혐의 인정될 가능성이 농후함에도 사법경찰관리가 무혐의 처분으로 송치된 사건에 대하여는 검사가 기록 전체를 다시 읽어 검찰에서 수사할 것인가 여부를 결정합니다.

(3) 진술 거부권

- 자기에게 불리한 내용은 진술을 거부할 권리가 있습니다.

- 하지만 무조건적인 묵비권 행사는 자칫 구속영장 청구사유(증거인멸·도주우려)가 될 수도 있으니 주의하여야 합니다.

- 따라서 피의자신문조서에 무조건 '묵비하겠습니다.' 라고만 남기지 말고 '불법체포를 당한 것이니 진술을 거부합니다.

- 체포 과정에서 불법적으로 폭행을 당했기 때문에 이에 항의하는 의미에서 진술을 거부합니다. 라는 식으로 진술거부권을 행사하는 이유를 반드시 기재하도록 합니다.

- 한편 변호인 접견 시까지 일시 묵비를 할 경우에는 '변호인 접견 후에 조사를 받을 것이니 조서 작성을 미루자' 고 하고, 그래도 조서 작성을 강행할 경우에는 '변호인의 조력을 받은 후에 진술하겠습니다.' 라고 기재되도록 합니다.

- 수사기관에서는 전과자 확인을 위하여 '수사자료 표' 를 만드는데 여기에 열 손가락 지문(십지 지문)을 찍을 것을 요구하곤 합니다.

- 이는 인권 침해의 소지가 있기 때문에 개선을 요구해야 할 사항이기는 합니다만, 실무상으로는 이를 거부할 경우 수사기관에서는 법원으로부터 영장을 발부받아 찍게 하고 있고, 한편으로는 구속영장 청구 사유로 삼는 경우가 있으므로 이를 거부하고자 할 경우에는 반드시 담당 변호사와 먼저 상의를 하도록 합니다.

(4) 자신이 알고 있는 것만 진술

- 자신이 모르는 사실을 질문할 때 '무조건 모른다.' 라고만 답할 경우 알면서 은폐하는 것으로 오해받을 수 있으니 자신이 모를 수 밖에 없는 이유를 "○○○때문에 모른다." 라고 설득력 있게 대답해야 합니다.

- 자신이 아는 것만 이야기합니다.

- 추측성의 진술은 금물이며 특히 다른 사람의 역할에 대해서 함부로 추측하여 진술하는 것은 불필요한 피해를 확산시킬 수 있습니다.

(5) 피의자신문조서 이상 여부 확인 철저

- 피의자신문조서를 작성한 때에는 반드시 읽어보고 이상이 없음을 확인한 후 반드시 무인을 찍어야 합니다.

- 수사기관이 작성한 조서는 맨 뒷부분에 자필 서명과 날인, 간인이 없으면 효력이 없기 때문에 조서를 마치고 나면 무인을 찍을 것을 요구받게 됩니다.

- 이 때 무인을 찍고 나면 나중에 이를 번복하는 것이 정말 쉽지 않으므로 피의자신문조서를 작성한 때에는 반드시 2번 읽고 이상이 없음을 확인한 후에야 비로소 무인을 찍어야 합니다.

- 무인을 거부할 경우 경찰이 '날인 거부' 라고 한 채 조서 작성을 끝낼 수도 있으니 이러한 경우에는 왜 무인을 거부하는지 그 이유(말하자면 내 진술과 다른 내용이 들어 있어서 수정을 요구하였는데 거부당하였다. 또는 조사 과정에서 폭언·폭행을 당하였다. 등등)를 반드시 자필로 조서말미에 쓰도록 합니다.

- 검사는 피의자신문조서 작성 시에 입회하지 않았기 때문에 경찰이 작성 올린 피의자신문조서를 읽게 되는데 피의자신문조서에 무인이 되어 있지 않을 경우 왜 무인을 하지 않았는지 피의자신문조서 말미에 피의자가 자필로 내 진술과 다른 내용이 들어 있어서 수정을 요구하였는데 거부당하여 무인을 거부합니다. 라고 기재하면 검사가 이를 읽고 다시 적절한 조치를 취하거나 다시 피의자신문조서를 작성할 수 있습니다.

- 피의자는 피의자신문조서를 읽고 생각 이외 사실과 전혀 다른 내용이 있을 때는 반드시 수정을 요구하고 그래도 석연찮은 내용이 있다면 조서말미에 자필로 한말이 없는가의 질문에 구체적으로 쓰면 검사가 이 부분은 집중적으로 살펴봅니다.

- 또 검사가 제대로 읽지 않고 피의자가 자필로 쓴 불만 부분을 그대로 무시하고 영장을 청구하였을 경우 법원의 영장담당판사가 영장을 발부하지 못하게 됩니다.

(6) 피의자신문조서의 원본 수정 및 삭제요구

- 자신이 진술한 것과 다른 내용이 적혀 있는 경우 반드시 수정 및 삭제를 요구합니다.

- 대부분 경찰은 '피의자신문조서의 원본에 두 줄 긋고 볼펜으로 새로운 내용을 덧붙여 쓰는 방식' 으로 수정하자고 하는데, 오타 정정처럼 사소한 내용이 아닌 한 원칙적으로 컴퓨터 파일 자체의 문구를 바꾸어 다시 출력할 것을 요구해야 합니다.

- 피의자신문조서는 후일 재판의 중요한 자료이므로 경찰이 삭제요구에 응하지 않을 경우 '내 조서에 내가 하지도 않은 말이 남는 것은 싫다' 라거나 '이 문구 때문에 불필요한 오해를 사고 재판 결과가 불리해지면 당신이 책임질 거냐?' 는 등등으로 항의를 하더라도 반드시 바로 잡아야 합니다.

(7) 조서는 중요하므로 하고 싶은 말 모두 진술

- 대부분이 경찰 조사를 받는다는 것에 익숙하지 않기 때문에 심리적으로 피곤하고 위축도 되어 있고, 이 불편하고 지긋지긋한

조사실을 어서 떠나고 싶은 생각에 대충 읽어보고 날인을 하는 사람이 대부분입니다.

- 조서는 검사가 죄가 있느냐 없느냐에 대한 판단 즉, 기소여부를 결정하는 가장 중요한 근거와 기준이 되는 것입니다.

- 조사관의 수준과 질도 천차만별이고 그들도 사람이기 때문에 얼마든지 예단과 편견을 갖고 조사할 수 있다고 봅니다.

- 만약에 아주 억울한 일을 당했다고 생각하고 상대방을 고소했는데 아무래도 내 입장을 잘 들어줄지 확신이 서지 않는다면 동원할 수 있는 모든 수단을 찾으려고 할 것입니다.

- 때로는 자신도 동료에게 그런 간접적 형식의 청탁을 할 수도 있고 일종의 품앗이 같은 성격도 갖고 있기 때문에 조직 내에서 나 혼자 독야청청하게 살기는 어렵습니다.

- 그런 눈치도 없이 마이웨이를 외치며 양심과 법에 따라 행동하겠다고 한다면 아마 그는 조직생활을 하기가 쉽지 않을 것은 분명합니다.

- 수사기관처럼 상명하복의 조직관계에서는 특히나 더 강하다고 볼 수도 있기 때문에 대부분의 경우는 공평하게 처리하겠지만 뉴스에 나오는 갖가지 비리를 보더라도 그것이 전체의 일부에 해당할 뿐이라는 점은 아무리 순진한 사람이라도 미루어 짐작할 수 있을 것입니다.

- 물론 이는 극단적인 상황을 가정한 것이지만 완전히 배제할 수도 없다는 뜻이지 다 그렇다는 것은 절대 아닙니다.

- 그런 우려를 포함하여 대처해야 한다는 뜻으로 해석해 주셨으면 하는 심정입니다.
- 그렇기 때문에 조서만큼은 정말 잘 읽어보고 대처할 수밖에 없습니다.

- 조서는 읽고 또 읽으면서 전체적인 조서의 줄기가 어떻게 이뤄져 있는 것인지 살펴보고 정정할 부분은 꼼꼼히 진술내용을 정정해야 하고 빠진 것이 있으면 반드시 추가해야 합니다.

- 조사관이 짜증을 내며 빨리 읽으라며 채근하겠지만 핀잔을 듣더라도 그에 쫒기고 쉽게 지장을 찍고 도장을 찍어서는 절대 안 됩니다.

- 피의자신문조서는 한 시간이고 두 시간이고 꼼꼼히 읽어가며 본인이 말하고 싶은 부분이 빠진 부분이 없는지 있는지 살펴야 하고, 이 사건에서 취급되어야할 중요한 사항이 누락되어 있지는 않은지 잘 체크해 봐야 한다는 것입니다.

- 조사관이 물어보고 싶은 부분만 물어보고 본인은 수동적으로 답하게 되면 낚시 줄에 끌려가는 것이나 다름이 없습니다.

- 내가 하고 싶은 말을 모두 조서에 기재하도록 하는 것이 조사를 잘 받는 것입니다.

- 잘못하다간 조사관의 유도심문에 경미한 사건이 의도적으로 크게 부풀려지고 없는 죄가 만들어지게 될지도 모르기 때문입니다.

- 충분히 읽고 또 읽어가면서 "내가 꼭 하고 싶은 진술" 과 "조사

에서 취급되어야할 중요한 사실" 하나 하나에 대해서 놓치지 말고 세밀하게 보충하여야 합니다.

- 물론 나중에 의견서나 보충진술서 형식으로 제출하여도 되지만 검찰에서 검사가 가장 중요하게 살펴보는 것이 경찰에서 받은 피의자신문조서이므로 조서내용에 기재하는 것이 훨씬 좋습니다.

- 피의자신문조서는 검사가 읽고 유무죄를 판단하는 중요한 자료이기도 하고 또한 재판에 가더라도 판사도 피의자신문조서내용을 가장 중시하여 판단을 합니다.

- 피의자신문조서는 형사사건에서 가장 기준이 되는 공적 문서이기 때문입니다.

- 이에 비해서 의견서나 보충진술서는 단지 참고자료일 뿐이지 큰 의미를 갖지 못하기 때문에 형사사건에서 피의자신문조서가 가장 중요하게 작용한다는 점은 아무리 강조해도 지나치지 않는다는 것입니다.

- 의견서나 보충진술서는 피의자신문조서에서 경황이 없어서 진술할 내용을 충분히 기재하지 못하였거나 억울한 부분이 있거나 조사에서 반드시 참고해야할 부분 등을 정리해서 제출하면 되고 팩스나 우편 또는 직접 방문하여 제출해도 됩니다.

- 새로 발견했거나 제출하지 못한 증거자료를 첨부하는 것도 좋은 방법입니다. 특별한 형식은 없고 제목에 의견서 또는 보충진술서라고 기재하고 제출하는 년 월 일과 작성자, 서명을 하면 됩니다.

(8) 조사받을 때 방법

- 조사를 받을 때는 반드시 노트를 지참하고 조사관의 질문사항과 답변에 대해서 메모를 일일이 하면서 조사를 받으면 좋습니다.

- 모두 적지 못한다면 요점만이라도 기재해 두면 사건 당사자에게는 쉽게 이해가 되기 때문입니다.

- 메모를 하나하나 체크하고 적으면 조사관의 다음 질문을 예상할 수 있기도 하고 모순된 답변을 피할 수도 있으며 큰 흐름을 스스로 파악할 수 있기 때문입니다.

- 절대 조사관이 묻는 것에 답변을 늦게 한다고 해서 내게 불리할 건 하나도 없고 아무것도 없다는 것을 꼭 명심하고 천천히 꼬박꼬박 진술하면 됩니다.

- 준비가 부족하거나 좀 더 확인하고 확실하게 해야할 부분이 있다면 경우에 따라서 도저히 오늘은 몸이 아파서 조사를 받을 컨디션이 아니라며 건강상의 이유를 대고 조사를 다음으로 미뤄달라고 요청해야 하지 그냥 대충대충 진술하면 안 됩니다.

- 돌아가서 충분히 생각을 정리해서 다음에 조사를 받는 것도 하나의 방법입니다.

(9) 수사관교체신고

- 조사관이 조사과정에서 윽박지르거나 인신공격하거나 처벌을 빌미로 압박을 한다면 조사를 거부하셔야 합니다.

- 그러한 사정을 이유로 경찰서 내에 있는 청문감사관실에 조사관

기피신청을 하시면 바로 조사관을 교체하고 그 조사관은 문책을 받거나 처벌을 받게 됩니다.

- 본인에게 뭔가 선입견을 갖고 불리하게 한다는 생각이 들면 조사관을 바꿔 달라고 바로 신청하시기 바랍니다.

- 경찰의 피의자에 대한 인권보호가 예전보다는 상당히 나아졌다는 점은 분명합니다.

- 그러나 조사관은 수사기법의 한 방법으로 종종 고압적인 태도를 취하며 피조사자를 압박하지만 전혀 기죽을 필요 없으니 충분히 소명할 자료를 가지고 있다면 얼마든지 당당하게 대처해야 합니다.

(10) 가장 중요한 것은 절대로 쉽게 날인하시면 안 됩니다.

- 어정쩡하다면 차라리 묵비권을 행사하는 것도 하나의 방법입니다.

- 기소의견으로 처리하겠지만 어차피 기소가 될 것이라면 차라리 본인에게 불리한 수사관에게 조사를 받고 날인을 해서 유죄를 인정하는 것 보다는 법정으로 가서 사실관계를 다투는 것이 훨씬 낫다는 것입니다.

- 법정에서는 국선변호인을 선임할 기회도 주어지고, 수사기관보다는 공정성이 훨씬 더 많이 보장되고 있습니다.

- 경미한 사건이고 본인에게 절대 유리하다면 날인을 해야겠지만 불리한데도 앞뒤 생각 없이 넙죽넙죽 진술하고 인정하고 조서에 도장을 찍는 순간, 번복하기는 매우 어렵고 진술번복은 특단의 사정이 없는 한 진정성을 의심받게 된다는 점을 분명히 기억하셔야 하는 중요한 대목입니다.

제2절/

경찰조사 후 검찰청으로 송치될 시 대응방법 -

(1) 경찰 송치의견서

- 조사관은 조사를 마치면 지금까지 자신이 조사를 통하여 느낀 과정을 의견서에 담아 사건기록과 함께 검찰청으로 보내는 데 이를 '송치의견서' 라고 합니다.

- 형사소송법에 의하면 모든 형사사건의 수사에 있어 최종결정권자는 검사입니다.

- 대부분 고소나 고발사건이 접수와 상관없이 거의 경찰서에서 조사를 하고 수사의 결론을 위해서 수사기록은 모두 검사에게 보내야 하는 데 이러한 절차를 송치한다고 하는 것입니다.

- 그래서 경찰서 조사관이 조사한 결과에 대하여 의견서를 작성해 송치서에 첨부하는 데 송치의견서에는 수사가 어떻게 이루어졌는지 경찰관의 생각을 기재되어 있습니다.

- 검사가 고소나 고발사건을 최종적으로 결정할 때는 먼저 경찰관이 작성한 송치의견서를 읽어 그 다음 고소장이나 고발장을 읽고 두 가지를 비교 검토한 후 유·무죄를 결정합니다.

- 그러므로 고소장을 읽어보면 범죄 혐의 인정될 가능성이 농후함에도 무혐의 처분으로 송치된 사건에 대하여는 검사가 기록 전체를 다시 읽어 검찰에서 다시 수사할 것인가 여부를 결정합니다.

(2) 검사의 결정

- 대부분 형사사건은 사법경찰관리가 검사로부터 수사지휘를 받아 피고소인을 상대로 피의자신문조서를 작성하고 관련 증거물을 첨부하여 사건을 검찰청으로 송치(의견서를 첨부)하고 피의자에게 검찰로 사건이 송치되었고 송치번호가 적힌 문자메시지를 보내고 있습니다.

- 검사가 고소사건이나 고발사건을 최종적으로 결정할 때는 먼저 경찰관이 작성한 송치의견서부터 읽고 그 다음 반드시 고소장이나 고발장을 읽어 두 가지를 비교 검토한 후 유·무죄를 결정합니다.

- 그러나 고소장이나 고발장을 읽어보면 범죄 혐의 인정될 가능성이 농후함에도 사법경찰관이 무혐의 처분으로 송치한 사건에 대하여는 검사가 기록 전체를 다시 읽어 검찰에서 다시 수사할 것인가 아니면 다시 경찰서로 보강수사에 대한 지휘 여부를 결정합니다.

(3) 피의자의 의견서

- 대부분 경찰에서는 더 이상 추가수사 또는 보강수사 없이 혐의 입증된 것으로 판단하는 경우 피의자가 추가수사를 요구하여도 그 간에 수사한 자료만 검찰청로 송치하여 검사로부터 판단을 받는 경우가 많습니다.

- 이러한 경우 피의자로서는 경찰 조사과정에서 잘못된 진술이 있거나 추가수사의 필요성을 배척한 것이 있거나 새로운 증거자료가 준비되었거나 피의자신문조서작성 시 진술을 제대로 하지 못

한 부분이 있으면 경찰에서 검찰청으로 사건기록을 송치하였다면 바로 '의견서' 를 작성해 검찰청에 제출하여야 합니다.

- 피의자로서는 경찰조사에서 다 하지 못한 진술이나 또 추가적으로 제출할 증거자료 등이 있을 때는 즉시 의견서를 작성해 제출하지 않으면 검사가 바로 결정을 할 수 있습니다.

- 가급적이면 경찰에서 검찰청으로 송치하였다는 연락을 받은 경우 지체 없이 의견서를 작성하여 제출하지 않으면 대부분 검사는 사법경찰관이 작성한 송치의견서와 같이 추가수사의 필요성이 없는 한 결정을 하게 되므로 즉시 검찰청에 의견서를 제출하여야 합니다.

- 절대 그냥 넘어가면 안 됩니다. 부족한 것은 보강하지 않으면 그대로 검사가 판단할 경우 피의자에게 불이익이 생깁니다.

- 실무에서는 사안에 따라 추가진술서 또는 진술서라고도 부르지만 의견서로 작성해 제출하면 됩니다.

(4) 소환조사

- 형사사건은 경찰에서 1차적으로 조사를 마친 후 검찰청으로 송치되면, 담당 검사가 소환조사를 할 것으로 알고 있고 또 경찰에서 다 하지 못한 진술이나 증거자료가 있으면 그때 검사를 만나 증거를 제출하고 진술을 하면 된다고 생각하고 있습니다.

- 그러나 검찰청에서는 기록을 검토하고 경찰관이 충분한 조사가 이루어졌다고 인정되고 더 이상 추가조사가 필요하지 않다고 판단되면 피의자를 소환하지 않고도 검사가 범죄 유·무를 결정하는 경우가 아주 많습니다.

- 검찰청에서 피의자를 소환하는 경우로는 결찰관이 조사한 기록에 의하여 혐의 유 · 무에 대한 증거가 불충분하여 추가 수사가 필요한 경우 에만 보강수사를 위하여 소환조사를 할 수 있습니다.

- 대부분 경찰관이 작성한 기록만으로도 검사가 피의자를 기소하거나 불기소처분하는 것이 증거가 충분할 경우 검찰청에서는 피의자를 별도로 소환하지 않고 처분을 내릴 수 있습니다.

(5) 송치대응

- 형사사건은 대부분 경찰에서 조사가 마무리 된 상태에서 검찰청으로 사건을 송치합니다.

- 피의자들은 경찰조사 과정에서 자신의 혐의에 대하여 완벽하게 벗지 못한 채 기소의견으로 검찰청으로 송치되는 경우가 많습니다.

- 그런데도 피의자들은 경찰에서 혐의가 인정되어 기소의견으로 검찰청으로 송치된 것을 모르고 검찰청에서 소환하면 그때 가서 자신이 못다한 진술을 하고 증거자료를 확보하여 검사면전에서 내겠다고 소환을 기다리는 경우가 상당히 많은데 검사로서는 아무런 연락을 하지 않고 송치기록만으로 혐의가 인정되면 검사가 기소를 하는 경우가 상당히 많습니다.

- 그러므로 피의자의 사건이 경찰관으로부터 검찰청으로 송치하였다고 문자메시지가 왔다면 바로 검찰청으로 가서 어떤 혐의로 송치되었는지 또 고소인은 어떤 진술을 했고 고소인의 주장을 뒤집을 수 있는 증거자료를 확보하여 검찰청으로 의견서를 작성하여 제출하여야 합니다.

(6) 유리한 증거

- 피의자가 경찰조사에서 억울한 부분을 피의자신문조서에서 제대로 진술하지 못했다거나 유리한 증거자료 혹은 고소인의 주장을 뒤집을 수 있는 관련 자료를 제출하지 못한 채 사건이 검찰청으로 송치된 경우 바로 검찰청에 제출하고 의견서를 작성해 규명하여야 합니다.

(7) 추가진술

- 경찰에서 수사를 종결하고 검찰청으로 송치했다는 문자메시지가 왔다면 피의자는 서둘러 무혐의 혐의 없음으로 불기소처분을 받을 수 있도록 증거자료를 첨부하여 추가진술서나 의견서를 작성해 제출하여야 합니다.

- 방어를 제대로 하지 못하고 제대로 된 증거를 제출하지 못한 채 경찰에서 꾸민 기록만 그대로 인용하여 기소되어 재판을 받는다면 불리할 수밖에 없습니다.

- 피의자들이 제대로 대응하지 못해 불이익을 받는 분들이 많습니다.

- 경찰에서 검찰청으로 송치했다고 문자메시지가 오면 이미 늦었습니다.

- 곧바로 관련 자료를 첨부하여 추가진술서를 제출하거나 이에 따른 의견서를 자세히 기재하여 제출하는 등 이에 적극적으로 대응해야 합니다.

- 형사사건에 대한 최종적으로 처분하는 검사는 피의자가 경찰에

출석하여 경찰관의 면전에서 피의자신문조서를 작성할 때 입회하거나 참석하지 않았기 때문에 경찰에서 올린 기록과 피의자신문조서와 경찰관이 작성한 송치의견서와 고소인이 낸 고소장을 두루 살핀 후 유·무죄의 판단을 하는 것이기에 피의자로서는 추가적으로 제출할 증거를 비롯해 의견서를 작성해 제출하고 피의자에 대한 억울한 점을 구체적으로 진술해야 합니다.

(8) 검사의 최종처분

- 검사는 사법경찰관리가 작성한 송치의견서와 수사기록을 넘겨받아 검토하고 더 이상 추가수사의 필요성이 없는 경우 아래와 같이 처분을 하게 됩니다.

첫째, 피의자를 구속하여 법원에 정식재판을 청구하는 구속 구공판을 할 수 있습니다.

둘째, 피의자를 불구속하여 법원에 정식재판을 청구하는 불구속 구공판을 할 수 있습니다.

셋째, 피의자를 불구속하여 법원에 약식재판을 청구하는 불구속 구약식을 할 수 있습니다.

넷째, 피의자를 혐의 없음으로 불기소처분을 할 수 있습니다.

- 그러므로 경찰에서는 1차적으로 조사를 마치고 기소 또는 불기소 의견으로 검찰로 송치하는 데 피의자에게 구체적으로 알려주진 않으므로 철저히 대비하여야 합니다.

제3절/

검사 조사 받을 시 대응방법 -

검사는 고소인의 고소에 따라 피의사실을 확인하여 기소처분할지, 불기소처분을 할지를 결정하게 됩니다. 이 경우 피고소인은 불기소처분을 받는 요건을 알아둘 필요가 있습니다. 불기소처분을 받기 위해서는 다음의 4가지에 해당해야 합니다. '①혐의없음, ②죄가 안됨, ③공소권 없음, ④기소유예' 입니다.

'혐의없음' 에 해당하기 위해서는 구성요건해당성이 충족되지 않거나 증거가 불충분한 경우입니다. '죄가 안됨' 의 경우는 위법성조각사유, 책임조각사유가 없는 경우입니다. '공소권 없음' 의 경우는 고소인이 고소를 취소하거나 고소인이 피고소인이 벌을 받지 않기를 원하는 의사를 표시한 경우(반의사불벌죄)입니다. '기소유예' 의 경우는 혐의가 인정되나 처벌할 정도의 사안이 아닌 경우입니다.

만약 불기소처분을 받았을 경우에는, 형법 156조에 따라 고소인을 무고죄로 고소할 수 있고('혐의없음' 의 경우), 그 외는 민법 제750조를 근거로 민사상 손해배상을 청구할 수 있습니다.

그러나 불기소처분을 받지 아니하고, 기소처분을 받아 판결선고까지 갔다면 피고소인은 다음의 3가지 판결을 받게 됩니다. '①무죄판결, ②공소기각 판결, ③유죄판결' 입니다.

'무죄판결' 을 받기 위해서는 사건이 범죄가 아니게 되거나 범죄사실의 증명이 없는 때에 해당됩니다(형소법 제325조). '공소기간 판결' 을 받기 위해서는 1심 판결선고전까지 고소취소가 있거나, 반의사불벌의 의사표시가 있어야 합니다(형소법 제327조). 범죄사실이 인정되는 경우네는 '유죄판결' 이 내려집니다.

제4절/

합의할 시 대응방법 -

형법 제312조에 따르면, 명예훼손과 모욕죄는 ①고소인의 고소가 있어야 하며, ②피해자의 의사에 반하여 공소를 제기할 수 없습니다(반의사불벌죄). 따라서 명예훼손, 모욕죄로 인하여 고소를 당할 수 있는 사람은 고소를 당하기 이전에 고소인과의 합의를 진행할 수도 있습니다. 그러나 고소인이 합의를 요구한다고 무조건 응할 필요는 없고, 여러 가지 사정을 종합하여 판단해야 합니다.

먼저, 자신의 행위가 처벌받을 행위인지 분명히 확인해야 합니다. 처벌받지도 않을 상황인데 합의에 응해서는 안 될 것입니다. 둘째로, 처벌받더라도 기소유예를 받을 가능성이 있는지도 확인해보아야 합니다. 만약 처벌받을 사안이더라도 기소유예로 끝난다면 합의에 응할 것인지 신중히 고민해봐야 합니다. 셋째로, 처벌을 받을시 형량은 어느 정도 될 것인지 확인해보아야 합니다. 그러나 일반인이 형사사건의 형량을 가늠해 보는 것은 어려운 일입니다. 따라서 이 경우 변호인의 도움을 받는 것이 좋습니다.

명예훼손 · 모욕 고소와 대응방법

인쇄 2023년 1월 05일 2쇄
발행 2023년 1월 10일 2쇄

편 저 대한법률편찬연구회
발행인 김현호
발행처 법문북스
공급처 법률미디어

주소 서울 구로구 경인로 54길4(구로동 636-62)
전화 02)2636-2911~2, 팩스 02)2636-3012
홈페이지 www.lawb.co.kr

등록일자 1979년 8월 27일
등록번호 제5-22호

ISBN 978-89-7535-786-2 (13360)

정가 24,000원

이 도서의 국립중앙도서관 출판예정도서목록(CIP)은 서지정보유통지원시스템 홈페이지(http://seoji.nl.go.kr)와 국가자료종합목록 구축시스템(http://kolis-net.nl.go.kr)에서 이용하실 수 있습니다. (CIP제어번호 : CIP2019041914)